初创公司的退出机制

[美] 亚历桑德罗·克里梅德斯 著

桂曙光 石羽 译

SELLING YOUR STARTUP

CRAFTING
THE PERFECT EXIT,
SELLING YOUR
BUSINESS,
AND EVERYTHING ELSE
ENTREPRENEURS
NEED TO KNOW

Alejandro Cremades

机械工业出版社
CHINA MACHINE PRESS

许多企业家都梦想着有一天自己的公司被收购，能获得一个完美的退出。但有关企业被收购过程的信息通常来自昂贵的投资银行家，他们通常为晚期初创企业提供建议。

在《初创公司的退出机制》一书中，连续创业家亚历桑德罗·克里梅德斯提供了一个简单易懂的指南，指导企业家如何卖掉一家初创公司。凭借曾经作为初创企业创始人、投资银行家和律师的第一手经验，他描述了初创企业创始人将其处于早期阶段的公司出售时所需要的技巧和诀窍。

《初创公司的退出机制》适合所有类型的创业者阅读，它是通向公司收购现实的详尽路线图。

北京市版权局著作权合同登记　图字：01 – 2022 – 1581 号。

图书在版编目（CIP）数据

初创公司的退出机制/（美）亚历桑德罗·克里梅德斯（Alejandro Cremades）著；桂曙光，石羽译. —北京：机械工业出版社，2023.3

书名原文：Selling Your Startup: Crafting the Perfect Exit, Selling Your Business, and Everything Else Entrepreneurs Need to Know

ISBN 978-7-111-72700-2

Ⅰ.①初… Ⅱ.①亚… ②桂… ③石… Ⅲ.①企业管理－研究 Ⅳ.①F272

中国国家版本馆CIP数据核字（2023）第066846号

机械工业出版社（北京市百万庄大街22号　邮政编码100037）
策划编辑：李新妞　　　　　　责任编辑：李新妞
责任校对：韩佳欣　李　婷　　责任印制：邓　博
北京新华印刷有限公司印刷
2023年7月第1版第1次印刷
169mm×239mm·17印张·1插页·194千字
标准书号：ISBN 978-7-111-72700-2
定价：69.00元

电话服务　　　　　　　　　　网络服务
客服电话：010-88361066　　　机 工 官 网：www.cmpbook.com
　　　　　010-88379833　　　机 工 官 博：weibo.com/cmp1952
　　　　　010-68326294　　　金 书 网：www.golden-book.com
封底无防伪标均为盗版　　　　机工教育服务网：www.cmpedu.com

推荐语

在阅读本书之前，不要卖掉你的公司。本书是创始人期待已久的一份重要资料。这个世界充斥着很多关于如何创业的建议，但克里梅德斯分享了如何完成终局的实用智慧。

——威尔·格拉泽（Will Glaser），联合创始人，以35亿美元将 Pandora 出售给了 SiriusXM

如果你认为初创公司的产品市场定位、融资及规模化发展具有很大的挑战性，那么并购会让这些工作看起来轻而易举。在本书中，亚历桑德罗从卖方的角度，完美地为创业者平衡了并购的科学性与艺术性，让这个令人感觉极其复杂的过程变得非常清晰。如果你是一位创始人或创业者，请将本书列入必读书目。

——雷吉·阿加沃尔（Reggie Aggarwal），联合创始人，以16.5亿美元将 Cvent 出售给了 Vista 股权合伙企业

确保为你的公司找到合适的收购方，拿到合适的条款，让你的愿景得以实现，而不是被窃取和被破灭。利用本书里的资源，确认你理想的目标买家，并优化收购条款，以获得持久的成功。

——凯文·奥康纳（Kevin O'Connor），联合创始人，以11亿美元将 DoubleClick 出售给了 Hellman & Friedman

阅读这本书所能带来的投资回报倍数是惊人的。除了会让你获得不同的财务结果，可能影响你的公司和客户接下来会发生的事情，还会影响你作为一位即将退出的创始人能获得的机会。

——杜克·诺伦（Duke Rohlen），联合创始人，以 7.8 亿美元将 FoxHollow Technologies 出售给了 Ev3

我知道，无数的初创公司本应从亚历桑德罗在本书中总结的建议中受益。很高兴看到这本书面市，我以后可以向那些正在经历紧张且常常不确定并购流程的公司推荐它。

——杰克·史密斯（Jack Smith），联合创始人，以 7.5 亿美元将 Vungle 出售给了黑石

这是一本对所有创始人都很重要的指导书。从顺利完成尽职调查，到价格最大化、设计合理的条款，再到经历情绪的过山车、不毁掉自己的交易，并开启伟大的人生新篇章，请把这本书列在你的必读书目的最前面。

——桑迪普·阿卡拉加（Sandeep Akkaraju），CEO，以 7.5 亿美元将 IntelliSense 出售给了 Corning

在科技行业的职业生涯中，我联合创立并出售了多家公司。在做出这些关键的变革性决定时，有好的建议和忠告总是很重要的。亚历桑德罗的洞见将会帮助你制定更好的战略和战术，让你在这个过程的关键环节占据上风，并从你打造的机会和公司中获得最大收益。

——德鲁·帕金斯（Drew Perkins），联合创始人，以 5.5 亿美元将 Lightera Networks 出售给了 Ciena

为创办一家公司付出了这么多，你亏欠自己太多，要确保结局是值得的。无论你出售公司时的情况如何，这本书将帮助你最大限度地把握好退出机会。从现在开始，我会向我遇到的每一位创业者推荐本书。

——威尔·赫曼（Will Herman），联合创始人，以 4.97 亿美元将 ViewLogic 出售给了 Synopsys

当你在打造公司的方方面面——融资、投资人、企业文化、产品市场定位和规模化——时，也要考虑成功的退出会是什么样的，因为这确实会影响你的成就。这本书中所提供的信息，可以为你的创业之旅提供帮助。

——苏嘉·哈吉拉（Sujai Hajela），联合创始人，以 4.05 亿美元将 Mist Systems 出售给了 Juniper Networks

通过这部作品，亚历桑德罗·克里梅德斯再一次为创业圈带来了大量令人难以置信的急需知识。这本书对所有公司都非常有用，其中涵盖的实用信息可以为公司的并购成功奠定基础。在阅读这本书之前，任何创业者都不应该接受任何收购要约，甚至不应该进行融资。

——利欧·艾拉扎里（Lior Elazary），联合创始人，以 4 亿美元将 EdgeCast 出售给了 Verizon

本书是所有获得融资的初创公司创始人的必读书目。其中包含着一些可信的资源，将有助于创业者做好准备，以便熟练地驾驭创业循环中通常不稳定的这个部分。

——米林德·麦黑尔（Milind Mehere），联合创始人，以 3.4 亿美元将 Yodle 出售给了 Web.com

虽然每起并购的情况都是独一无二的，但很多基本原则是普遍适用的。在这本书里，亚历桑德罗·克里梅德斯以一种既容易理解又符合逻辑的方式，将一个相对复杂的过程进行分解。无论你对并购的世界是否熟悉，或是仅仅想刷新认知，这本书都是无价的读物。

——杰弗里·格拉斯（Jeffrey Glass），联合创始人，以 2.5 亿美元将 m-Qube 出售给了 VeriSign

所有伟大的项目和初创公司都是从想象的终局开始的。如果你的创业是成功的，退出在未来就是最确定的。这本书是创业圈长期以来所需要的极好资源。

——克雷格·沃克（Craig Walker），联合创始人，以 1 亿美元将 GrandCentral 出售给了谷歌

出售一家初创公司是创业者一生中最重要的决定。我真希望我们在出售公司的过程中手上有这本书。

——安德·米切伦纳（Ander Michelena），联合创始人，以 1.9 亿美元将 Ticketbis 出售给了 eBay

对这个星球上的任何人来说，创业都是一趟非常艰难的旅程。只有非常非常少量的初创公司能够实现 IPO 上市，大多数公司需要一个实实在在的退出机会。亚历桑德罗给所有人提供了一份小抄，让大家可以从自己的艰苦付出中获得最大收益，揭示了退出的神秘面纱。

——拉姆·桑卡亚（Ramu Sunkara），联合创始人，以 1.5 亿美元将 Qik 出售给了 Skype

如果你做得不错，投入了大量的时间、精力、汗水、眼泪和代价去建立和打造一家初创公司，如果因为创始人根本没有为退出阶段做

好准备，最终的结果可能远远不及真实的潜力，这就是一场悲剧。这本书最终会帮助创始人扭转这种局面。无论你的初创公司处于哪个阶段，读读这本书，你就知道亚历桑德罗在背后支持你。

——丹尼·麦德森（Dane Madsen），联合创始人，以 1 亿美元将 YellowPages 出售

在创业过程中真正对你造成伤害的，是那些你不了解的东西。直到现在，初创公司的创始人仍无法获得这类信息，一直处于极度不利的地位。学习这些知识，对你自己、你的团队、你的投资人和你的客户来说都是应当的。

——伊纳基·贝伦格尔（Inaki Berenguer），联合创始人，以 2600 万美元将 Pixable 出售给了 SingTel 并将 CoverWallet 出售给了 Aon（未披露金额）

关于如何打造和规模化发展一家初创公司，已经有很多相关的图书，但关于如何出售初创公司的书却不多。亚历桑德罗汇集了数百名实现大额退出的顶级创始人的集体智慧，并将其汇集在这本独一无二的书中，如果你正在经历这个过程，这本书将会给你带来巨大的价值。

——路易斯·桑兹（Luis Sanz），联合创始人，以 1.3 亿美元将 Olapic 出售给了 Monotype

在鲨鱼出没的并购水域，创业者需要了解公司出售的来龙去脉，这本书是他们的必读之作。为了确保能做出正确的决策和优化机会，亚历桑德罗的书为你提供了所需的知识和洞察力。出售公司过程中的情绪起伏可能会令人无法承受，所以关键是要在整个过程中理解你所

有的选择，并提前计划好你的反应，这样逻辑就会占据上风，而不是当下的情绪。

———阿兰·哈恩（Allan Hahn），创始人，以超过 10 亿美元的金额出售了多家公司

初创公司的创始人在出售自己的公司时会面临一个根本的劣势。对其中的大多数人来说，这是他们第一次经历这样的过程，而参与其中的其他人（企业买方、投资人、律师）都有过并购的经历。在这本书中，亚历桑德罗用一种清晰、切实和详尽的语言，揭开这个过程的神秘面纱。强烈推荐创业公司创始人和高管阅读本书。

———伊兰·希尔（Eran Shir），联合创始人，以 5500 万美元将 Dapper 出售给了雅虎

致　谢

没有我妻子谭雅（Tanya）的爱和支持，我不可能完成这本书。在我经历创业过程中的起起伏伏时，她一直陪在我身边。如果缺少一位强有力的、能给予支持的伙伴，我是不可能下定决心从头开始打造一样东西的。她处理一些最具挑战性事情的方式，一直是我灵感的来源。我希望所有创业者都有一位像谭雅一样的人在身边，即便在创业最黑暗的日子里、在最需要的时候，也能帮助他们不断前进。

我还想感谢我的女儿们，米拉（Mila）、丽芙（Liv）和阿雅（Alya）。写这本书的时候，米拉 4 岁，丽芙和阿雅 3 岁。尽管她们一直想出去玩，但在老爸需要工作的时候，她们也能理解。女儿们，如果你们能读这本书，你们就会知道，看到你们成长为聪明、坚强和富有同情心的女性是我生活中最美好的部分，也是一种巨大的动力。你们比任何人都更让我感到骄傲。

感谢我的父亲博纳尔多·克里梅德斯（Bernardo Cremades），我的母亲勒提西亚·若曼（Leticia Roman），还有我的弟弟小博纳尔多·克里梅德斯（Bernardo Cremades Jr.）。从我创业之旅的最初，他们就一直支持我，不管是什么事情。他们一直是我可信赖的依靠，每当我跟他们联系，即便是凌晨 1 点，他们都会接起电话。

另外，我还想感谢我的岳父罗伯特·谢瑞克（Robert Shereck）和我的岳母吉斯勒·普莱福（Gisele Prive）。除了爱和支持，他们还给我传授了一些最重要的领导力课程。

在创业旅程中给予我很多支持的其他家庭成员包括卡门·珀萨达斯（Carmen Posadas）、伊凡·普莱福（Evan Prive）、扎克·普莱福（Zack Prive）以及比崔兹·拉瑞（Beatriz Larrea）。

没有 Wiley 出版社，这本书不会面市，尤其是扎奇·奇斯加尔（Zach Schisgal）。当我向他推销这本书的创意时，他乐于与我合作，也相信这本书的价值。

还有一个特别的人一直在我身边，他是我事业的另一半，迈克尔·塞维森（Michael Seversen）。在我前一家公司被收购之后的过渡期，他进入了我的生活。之后，我们成为创业搭档，并成为彼此的依靠。没有语言可以描述我对他的感激和欣赏。

还有，我想感谢我们团队其他成员的帮助：Saroj Aggarwal, Miles Carter, Bryan Epstein, Vimal Gerda, Sri Gunasekaran, Tim Houghten, Zachary Jameson, Russell Michelson，Susan Nichols, Collin Robert, Prashant Sharma, Deepak Thakur 以及 Kammy Wood。

我还要感谢所有参与我之前创业公司的投资人、顾问、员工和客户。我掌握的关于并购的大多数知识，是源于跟你们的紧密合作。

最后，我想感谢所有的读者。感谢你们对我的信任，愿意阅读本书。我希望我的经验和见解将帮助你在卖掉自己公司的过程中，铺设一条最佳的前进道路。

感谢所有人。我非常有幸能在生命中遇到你。

序

我认为，我们的道德义务是发挥与自身潜力相称的影响力。

我一直对读书有很大的热情，这要归功于我童年时养成的习惯。读书可以让你借鉴别人的智慧和经验来改变自己的人生。让你站在巨人的肩膀上。

在成长的过程中，我是典型的书呆子——从 10 岁开始，我就对数学和物理有着浓厚的兴趣，喜欢编写代码。我很幸运能很早发现自己的激情所在，并把所有的空余时间花在计算机室里，当时的个人电脑还是单色显示的终端，配置 MS DOS 操作系统和 5 寸的软驱。我满怀激情地阅读各种传记，从英特尔、苹果、微软、甲骨文及其他无数企业的成功与失败中学到了很多。很明显，对当时的我来说，我想在这个革命性的新时代启动自己的公司。

7 年之后，我准备好了，我和弟弟迪弗（Div）一起，靠着从父亲那里借来的 300 美元，创立了自己的第一家公司 Directi——一家网站提供商和域名注册商。

14 年之后，我们的公司在全世界排名第四，拥有 1000 万的域名，一个超过 5 万家全球经销商的网络，以及 7000 万美元的销售收入。哈利（Hari）当时是网络托管商耐力国际（Endurance International）的

CEO，现在是我们家的密友，他联系我们并提供了一份收购报价。直到今天，我仍然记得我对此非常矛盾。但是，在他们追逐我们六个月，以及进行多次深度的战略讨论之后，我们觉得这笔交易很靠谱，就以1.6 亿美元的价格将公司卖掉了。这是我们的第一次退出。

我的弟弟迪弗后来独自创立了 Media.net，他在这家公司实现了 9 亿美元的退出。我也将注意力转移到了 Radix（现在是排名第一的通用顶级域名注册商）和 Flock（现在名为 Nova，与谷歌的 G Suite 和微软的 Office 是竞争对手，为全球用户提供协作及办公软件）。最后，我在 2015 年跟瑞姆奇·盖迪帕堤（Ramki Gaddipati）联合创办了 Zeta，公司的使命是实现无感化支付及重新定义银行业务。

我创立任何公司的目标，都不是卖掉它。这些公司的诞生都源于我的激情。我认为"挫折是创业精神的起源"，当创业者发现某些想要改变的事情时，他们就勇往直前让这种改变成为现实。如果你正在阅读本书，也许你已经创立和打造了自己的公司，或者正在创业的过程之中。如果是一家成功的公司，那么大多数创始人将会遇到一次或多次（苦乐参半）卖掉公司的机会。

有无数的书籍介绍如何创立、运营及成长为一家成功的公司。尽管可以看到的大部分与并购相关的资料中，包含了很多经过美化的媒体报道，但在初创公司退出的关键里程碑上，公开发表的高质量内容没有多少（请原谅这种矛盾的说法）。当我在考虑退出的选择时，当然也没有任何类似的资料可以参考。

我的几次创业都是自力更生或者自筹资金，我不必为过去创立的大多数公司融资，这种情况是比较偶然的。但是，如果我的创业公司需要融资，那么亚历桑德罗的《创业融资的艺术》（*The Art of Startup Funding*）一书将会为我提供可靠的指导。

在这本新书中，亚历桑德罗为创业圈做出了巨大的贡献，他涉及了一个不太常见的主题内容，精心梳理了创业公司生命周期的另一端。了解这个过程，能够让你多年辛苦的工作实现有意义的回报。

无论你的创业公司是处于后期阶段并收到大量收购要约，还是面临艰难情形并试图抛售，这本书都将帮助你以终局思维来打造公司。它将帮你掌握退出的艺术。如果你近期预计要卖掉公司，那这本书可以作为你的实战指南。

这本书将带你了解公司出售的策略、准备事项、文本工作和操作流程。它将为你下一步的学习提供一个决策框架。在付出了巨大的心血之后，看到创始人和管理团队的并购流程以不公平的结果告终是一种嘲弄。如果你想在实现退出之后，公司的使命、团队、客户能够继续健康成长，并以多赢的方式让每个人实现结果的最大化，那么是时候翻开本书了……

巴文·图拉希亚（Bhavin Turakhia）

创始人

Zeta, Flock, Radix, CodeChef, Directi

目 录

07

了解公司的估值

08

列出目标清单

09

与收购方的沟通过程

10

为首次成功会议做准备

退出机制

初创公司的

01

———

Panthera 咨询公司的由来

我在经营之前的公司 Onevest 时，第一次涉足收购的世界，Onevest 获得了 14 家不同的风险投资机构的支持。

创建 Onevest 是一段狂野的经历，充满了可怕的低谷和异常陡峭的高峰，但是这家公司成了最大的创业者社群之一，为全球 200 多个国家的 50 万创始人提供支持。

Onevest 及其投资组合公司提供的服务包括联合创始人匹配、加速器项目、活跃的问答讨论板、针对公司创建及规模化发展相关重要事项的工作室，以及投资人可以约见并投资初创公司的平台。

这是一个充满活力和极度忠诚的社群。

通过收购实现加速增长

在 Onevest 的创建和规模化发展过程中，公司的增长有一部分是内生有机成长，这绝对是因为我们的运气不错。但另外一部分的增长，是通过收购该领域的主要竞争对手实现的。

我们总共收购了三家直接竞争对手，这是一种很大胆的行为，当然也有风险，但最终证明这是一项战略性的举措。其中 CoFoundersLab 和 FounderDating 这两笔交易，收购价格均为数百万美元，而且过程有点复杂，因为所有的利益相关方都参与其中。

在其中一笔交易中，我们接手了对这类交易不太熟悉的一些投资人的股份，大量来来回回的谈判最终大大增加了收费律师的工作时间。

作为新手投资人，他们要么陷入标准的条款不能自拔，要么要求一些与市场普遍接受的条款不一样的东西。事实证明，那是一段痛苦的教训，但也有价值，我永远不会忘记。正是由于这段特殊的经历，我才告诫创业者们要远离不成熟的投资人。

这类投资人真的可以搞砸一笔好交易，或者至少让事情变得异常复杂。相信我，当你亲身经历的时候，有些事情会让你感到沮丧，而且毫无意义。这简直就像有人朝自己家的玻璃房子扔石头——但是你能做什么呢？

不过，这些具体的交易让我学到了很多重要的教训，真正帮助我从实操者的角度理解初创公司的收购是如何进行的。

令我惊讶的是，公司的收购要比一轮融资困难百倍。收购时，创业者要处理各种各样的情绪和自我感觉，所以懂点心理学非常关键。

收购兴趣和前进道路

创立大约 8 年之后，Onevest 开始收到来自一些公司的收购兴趣，它们对我们的分销能力、数据、订阅结构和对接创业公司的能力感兴趣。

收购 Onevest 的要约来得正是时候。我和我的妻子谭雅·普莱福花了近十年时间创建 Onevest，当时她正怀着我们的第二个和第三个孩子（没错，是同卵双胞胎！）。但我们很快发现，怀孕还给我们带来了其他意想不到的事情。

在怀孕 6 个月时，谭雅被诊断患有双胞胎输血综合征，这是一种罕见的疾病，会影响同卵双胞胎妊娠胎盘，使得血液不成比例地从一个双胎（供体）输向另一个双胎（受体），导致供体的血容量减少，受体的血负荷过重，造成一个或两个婴儿死亡。诊断出来后，谭雅被紧急送往医院进行剖腹产。

我们的双胞胎女儿在 28 周时出生，体重分别是 2.4 磅和 1.7 磅，我们被困在医院里几个月，而我们的女儿当时在那里挣扎求生。在纽约上东区西奈山医院（Mount Sinai）的新生儿重症监护室（NICU）里分别待了 129 天和 180 天之后，她们终于出院回家了。我们的生活发生了很大的变化，我知道，从日常琐事中抽身出来，对我和谭雅来说都是正确的选择。

在我们的双胞胎女儿回家之前，已经 4 个月大的阿雅不得不接受心脏手术。当她被推进手术室时，我正在安排一次董事会议程，讨论公司收到的 4 份收购要约。那一天我很想待在女儿身边，但这些收购要约让我们别无选择。

其中一份收购要约的有效期为 24 小时。那天是 12 月 19 日，我们的董事会成员都在做圣诞节休假的准备。那是我们所有人唯一一次能聚在一起的机会。

我一直在考虑阿雅的手术可能出现的所有问题，但又不得不把这些想法放到一边，先要协调好董事会。我们一致认为，接受收购符合股东的最大利益。但是，我们最初是如何获得这 4 份收购要约的呢？这一切都源于我找到了迈克尔·塞维森。

选择我的助手

出于本能，我知道独自一人迈上交易道路是不明智的，因此我开始寻找一位精通业务的投资银行家，他要能帮助我排除并购（M&A）

过程中的任何地雷，并优化我成功退出的机会。为了获得最好的回报，这笔交易不能仅仅被视为一次财务性收购（完全基于收入和息税摊销折旧前利润），而应该被视为一次战略性收购。

经过一次又一次的面谈，我遇到的基本上都是同一类人：一位西装革履的华尔街精英，几乎没有或只有很少的运营经验。在跟无数的潜在并购顾问交流后，我感到绝望了。我知道需要什么样的人，才能让这笔交易成功，但我觉得自己好像是在大海捞针。

最后，经过无休止的研究和四处打听，我有了重大突破。我联系上了迈克尔·塞维森。无论从哪方面来看，他都是一位真正的摇滚明星。当然，他拥有你所期待的一切：斯坦福大学的本科学历，哈佛大学工商管理硕士学位，以及在并购领域 26 年的职业生涯，但这些并不是我的关注点。

迈克尔拥有罕见的高情商，还有经营自己多家创业公司的运营经验。我知道，如果有谁能完成这笔交易，那就是迈克尔跟我作为团队一起合作。我在业务发展和建立人脉关系方面很强，而迈克尔在运营、数字和创造性策略方面是一位奇才。他还非常善于驾驭自大狂。

一旦迈克尔跟我达成一致意见，我们就把计划提交给董事会。只要计划得到董事会的批准，我们就立即开始工作。

我们的并购之旅

我们最后收到了 4 份针对公司的收购意向书（LOI）。所谓意向书，就是收购方以一种正式的方式告诉你，他们有兴趣以什么价格收购你的公司，只差一场尽职调查。（我将在本书后续章节详细解释。）

那么，我们是如何获得这些意向书的呢？

首先，我们列出了所有我们认为可能对收购 Onevest 有潜在兴趣的公司。（我们在这里讨论的是一份包含 300 条线索的清单。）在这份清单上，尽量涵盖所有可能激发兴趣的战略角度。

我们希望锁定的目标是这些公司的 CEO，而不是典型的企业发展部门的负责人，CEO 通常会领导公司的这类行动，因为如果 CEO 同意，达成交易的风险就会低得多。我们知道，如果收购计划是通过 CEO 渗透到公司，然后被移交给企业发展团队，那么他们认为看到了适合的标的，就会毫不犹豫地向 CEO 汇报。

我们用外联数据确定了一份目标名单之后，就着手联系上面所有的 CEO。在与潜在收购方接触的同时，我们还与那些已经表示有兴趣进行战略合作（通常指收购）的公司启动了正式讨论。

本质上，这 4~6 个月的过程从开始到最终，就是在缩小真正有兴趣的参与方的范围。

在这 300 条线索中，我们通过电话和面谈的方式与至少 60 家公司进行了积极的交流，其中有 25 家公司要求我们提供收购备忘录（这份文件会列出公司的现状及未来的可能性）。

通过这个过程，我们收到了 4 份意向书。通过与董事会的合作，我们最终接受了其中一份，我们认为这份意向书的条款最好，而且我们与该收购管理团队的利益契合度也最高。

然后，我们签署收购意向书，并进行了为期 3 个月的尽职调查，最终完成了这笔数百万美元的交易。但我要告诉你的是，这笔交易有无数次面临告吹的风险。

在完成了尽职调查方方面面的工作之后，我们签署了正式的法律文件，获得了股东的批准，并向全世界宣布了这个消息。

迈克尔和我将整个收购过程视为一场网球比赛。当需要谈论公司的愿景或产品时，他总是把球打给我；当面对协议条款或谈判时，我会把球击还给他。

对我来说，在交流数据以及协议中的重要条款时，能置身这些艰难的对话之外是一件好事。这样，当情况变得复杂时，我就可以拿起电话直接给打给 CEO，继续往前推动事情的进展，我们就像是一个唱红脸、一个唱白脸。

有一件事我很清楚，在这个煎熬的过程中，迈克尔和我互相支持。从第一天起，我们就彼此信任，我知道这是我们成功的基石。

有趣的是，就像我遇到我的妻子时的那种感觉——一种瞬时相通的感觉——我知道迈克尔是我事业上的另一半。从那天起，我们再也没有分开。

创立 Panthera 咨询公司

这笔交易交割之后，我们在 Onevest 完成了过渡期，我给迈克尔打电话，邀请他跟我一起创业。

我清楚地看到了两件事。一方面，迈克尔和我组成了一个非常强大的团队，他拥有我所欠缺的东西，反之亦然。但更关键的是，市场上存在一个明显的空白，没有哪家机构或专家控制了初创公司收购这个领域。

事实上，在我打算做一些研究、想要了解初创公司收购的相关情况时，简直就像在听蟋蟀的鸣叫声。创始人想要完成这个极具挑战性且异常复杂的流程，能够获得的指导信息非常有限。我知道，如果我遇到这个问题，其他数百万人也会如此。

幸运的是，我很高兴地发现迈克尔对这个想法也同样兴奋。于是，

Panthera 咨询公司诞生了，我们作为合作人的旅程也开始了。

在最初的两年里，我们在全球范围内代表客户参与了数百笔交易。目前，我们 60% 的客户在美国，40% 的客户来自世界各地。

我们与客户合作时，就成为他们团队的一部分。我们通常与 CEO 和管理层一起合作，花 4~6 周的时间准备收购策略、包含财务数据的推销材料，以及目标收购方清单。

这些事情一旦准备好，我们就会进入市场，每一步都跟客户站在同一条战壕里，无论是面谈、电话交流、谈判还是其他任何工作，直到交割完成。

我对创业者的坚定承诺

跟 Onevest、Panthera 咨询公司、数百篇收购相关的文章、相关视频、"交易撮合者"播客以及《创业融资的艺术》一样，这本书是我在为创业者赋能的道路上最新的一项工作。

归根结底，这本书的目的是要填补初创公司收购方面的信息空白。

让你的初创公司获得收购是一门艺术，它不同于融资。因为在融资时，你需要把所有事情都想明白。但对于收购，你需要保留一些不确定的东西。本质上，那些想法不属于你，而属于你公司的收购方。

这本书将帮你做好准备，指导你迈过收购流程的每一步，这样你就可以优化公司的退出机会，达成最好的交易。

我们开始吧！

退出机制 初创公司的

02

————
让你的公司被收购

你梦想过让公司以 9 位数、10 位数甚至更高的价格被收购吗？你是否正在寻找对你公司的收购意向？你是否打算在公司生命周期的下一步保持领先地位？或者，在一次并购交易失败后，你也许需要实施一个更好的流程。

不管是什么原因让你拿起这本书，请放心，这些内容已经涵盖在内了。

有一些创始人和核心团队成员参与一家初创公司的目的，是希望能迅速变现，拿到高额的现金收益。也有一些人发誓他们永远不会卖掉公司，但有一天他们会发现，并购实际上是实现公司使命和愿景的最佳途径。在某些情况下，如果你的初创公司表现良好，你会出乎意料地收到收购要约，而且时间会比预期的早得多。

这本书将帮助你了解所有这些场景中的流程，优化最终的结果，并在一场耗费精神的马拉松中幸存下来。

并购比融资更难

《创业融资的艺术》是这本书的前传，如果你读过并且已经进行了一轮或几轮融资，那就太棒了。

不管你的公司是通过股权融资、债务融资还是自力更生的方式发展到现在，你都经历了一个重要的学习过程。你已经成长为一名创业者，并且可能学到了比想象中更多的东西。你还学会了如何进入市场、找到适合市场的产品、招聘和管理员工等。

收购可能非常棒。在很多情况下，可能是所有相关方能获得的最佳结果。一笔收购可能对你自己、家庭、联合创始人、团队、投资人甚至客户都有好处。对很多人来说，收购的结果可能是革命性的。事实上，一些超级成功的连续创业者会继续创办新公司，持续创造优异的成果。

但是，即便你喜欢迎接挑战和学习新事物，要实现并购也不容易。

并购在很多方面和融资很像。在名词和术语、业务内容以及需要的材料等方面，两者都有一些交叉点，但也需要掌握一些新概念、新要素及文件工作。

但并购要更为困难一些，具体体现在以下几个方面：

- 整个流程中每个阶段所投入的时间
- 完成交易所需的大量时间和日程安排
- 心理上所承受的焦虑和压力水平
- 在尽职调查期间，公司所面临的审查水平
- 让业务保持正常运营与推动交易之间的权衡

好的一面是，如果你不喜欢并购，就不用再来一次了。但就跟创业融资或者竭尽所能自力更生创立新公司一样，有些人到最后发现自己非常喜欢并购交易的艺术，他们甚至想一次又一次地创业、做大规模并卖掉公司。做好准备吧，因为这会很有挑战性。

收购流程

一笔卓越的收购交易是艺术性、科学性和执行力的结合体。完成收购交易的第一步，是学习这个流程的各个环节。图 2 - 1 是一个很好的示意图。

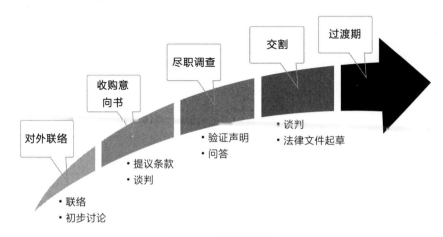

图2-1　公司收购流程

在收购流程的主要阶段中，包含许多细节和要点，我们将在本书的后续章节中探讨。

- 第 2 章，让你的公司被收购。要想成功完成一笔交易，推动一个高效的流程，并最终对结果感到满意，你需要了解潜在收购方在寻找什么，以及等待你的陷阱是什么。
- 第 3 章，投资银行家的角色。投资银行家可以为你提供很多有价值的建议，他们是一项优质的资产，可以帮助你扮演红脸、白脸的角色。
- 第 4 章，如何提前计划。了解为什么你要卖掉公司，理解为什么让自己可以被抛弃很重要，以及如何做到这一点。
- 第 5 章，准备推销材料。你可以在推销材料中阐明公司的独特性和价值主张、过渡计划、营销计划等。在材料中，你可以将一个成熟的成功模板与展示收购机会的艺术结合起来，以获得最佳的结果。

- 第 6 章，理顺财务状况。所有信息都需要适当地组织和呈现，以展示公司最好的状况。公司的财务数据需要润色，你的手头需要有新鲜而准确的研究，以及在演示文稿中准备好合适的评估指标。

- 第 7 章，了解公司的估值。确保你了解常用的估值方法，你公司的估值水平，以及你能做些什么在估值和条款上获得最佳平衡。

- 第 8 章，列出目标清单。找出谁是你公司最理想、最有可能的收购方。筛选之后，列出一个简短的优先清单。

- 第 9 章，与收购方的沟通过程。了解通过哪些途径与清单上的目标收购方联系，如何让他们觉得选择你的公司是显而易见的成功，然后将交流推动到下一阶段。

- 第 10 章，为首次成功会议做准备。了解收购方和他们关注的事情，制定会议日程并跟进。

- 第 11 章，收到收购意向书。了解收购意向书中应该包含的各方面内容及细节，以及哪些内容不应该包含在内。

- 第 12 章，与利益相关方的沟通。有很多情况可能会让交易流产。你最不愿意看到的是内部出现问题或阻碍。要确保你公司这边的所有人都完全认可这笔交易。

- 第 13 章，价格谈判。做好谈判和重新谈判的准备，知道自己哪里能让步，哪里不能让步，以及如何把游戏玩好。

- 第 14 章，尽职调查阶段。在通过尽职调查阶段之前，交易尚未达成。

- 第 15 章，购买协议。熟悉购买协议，了解所有条款和条件的含义，以及你应该跟谁打交道。

- 第 16 章，战略收购与财务收购。了解不同类型的收购、组织、收购方，以及对他们来说重要的是什么。

- 第 17 章，扼杀交易的方式。通过了解可能导致交易失败的多种方式，你就能更好地处理可能出现的问题。

- 第 18 章，法律问题。除了协议和保证之外，在法律方面还有很多需要关注的问题。监管、尽职调查、营运资金、托管、股东批准、留置权等都会涉及。

- 第 19 章，交易交割。这是最有意思的环节，在交易文件上签字，然后把钱存进银行。

- 第 20 章，向全新阶段过渡。你可能需要在新公司待上一段时间，也可以在度过一段应得的长假之后加速进入下一次创业。一定要提前考虑。

- 第 21 章，收购过程中的情绪过山车。收购会让你的情绪达到一个全新的水平，不仅是交易达成（失败）时的焦虑，还有把自己的初创公司交给别人时产生的情绪，然后你还要决定如何处理自己未来的计划。

媒体与你的公司：你在报纸和现实中会看到什么

就像融资一样，并购交易的平均规模和媒体上耸人听闻的头条新闻有很大的区别。

在"交易撮合者"播客上，我采访了数百位真实世界的创业者，他们都通过融资获得了巨额资金，并通过退出实现了最大的收益。我掌握和分享了很多大额交易的内幕消息。

当然，也有一些初创公司在创立之后一两年内就收到了令人惊叹的收购要约。有些公司非常幸运，因为他们找到了非常负责、高效的收购方，而且收购过程平稳快速。有不少创业者将公司以高达数十亿美元的价格卖掉了。

也有一些创业者经过 10 年或更长时间的努力工作之后，实现了"一夜成功"，有些人退出的情况不太理想，退出的收益远低于预期。

有时，董事会成员会故意破坏卖出最高价格的理想时机。虽然退出可以在短短几周时间内完成，但往往需要一年的时间——这是有额外喧嚣和压力的很长的一段时间，很少有人会提到这一点。

虽然大多数创始人都努力寻找一个能为自己的初创公司、客户、产品和团队创造美好未来的退出机会，但这个机会并不总是像预期的那样富有魅力和利润丰厚。选择 IPO（首次公开募股）的公司往往发现，上市后的 12 个月内，公司业绩迅速下滑。反向合并退回及公司复兴的事情并不罕见。

如果到目前为止，你还没有对这些事情做很好的安排，那就可能导致巨大的亏空。你知道吗，即使按 10 亿美元的价格卖掉公司，你自己最终也可能一无所得。由于市盈率、资历和清算优先权的影响，表面上公司拥有大量的股权，但在交割时留给创始人和员工的可能就没多少了。

初创公司 Get Satisfaction 以 5000 万美元的价格卖掉后，其创始人表示自己一分钱都没拿到。初创公司 Good Technology 在出售前的估值为 11 亿美元，在公司出售后，一些员工为他们预期的权益缴纳了六位数的税金，然后看着自己手头的股票价格从 4.32 美元下跌到 0.44 美元。

即便在最好的情况下，如果你不能在接下来的几年里继续为收购方效力，同时实现他们设定的宏伟目标，股份兑现和终止条款也可能意味着你只能获得所宣布的出售价格的一半。

问题在于，除非你在确定股权架构和法律协议的过程中非常小心，而且你理解这些设计在特定退出情形下的含义，否则那些头条新闻在现实中可能不会让你感觉太好。当然，这些辉煌的履历可能会让你更容易创立一家新公司以及为新公司融资，但你应该确保自己所做的牺牲和付出得到了良好的回报。

我经常跟创业者分享，创始人考虑好自己的退出情况是很重要的，而不是仅仅关注公司的退出。创始人应该时刻关注这一点。这一切都是为了得到一个结果，证明创始人在创业过程中所流过的汗水和泪水都是值得的。

收购方的预期

潜在收购方想要什么？

除非你了解收购方想要什么，否则你无法打造和定位你的公司，去吸引他们并获得最好的要约。你对这些要点越熟悉，就越能更好地策划这次收购机会，你在谈判中的权力也越大。

而且，不仅限于理解他们的动机，还关系到从第一次洽谈到最后的交割，乃至在更长的时间范围里，他们在整个流程中对目标公司及其领导者有什么样的期望。

流程

要起草让全世界都充满希望的一份优质推销材料并不难。任何二手车销售员、上门的真空吸尘器推销员或者电视广告销售员都可以做到，但这些工作并不会让你走多远，除非你能以事实为依据。收购方会进行调查，他们要对自己的股东承担责任，确保所有情况都符合预期。

财务

你的财务状况需要保持干净。收购方很可能认为你在一些关键的节税和潜在利润方面有所欠缺，并指望能发现一些问题，从而让自己有机会在再次谈判中争取到更好的价格和条款。你的财务状况越干净、越规范，你必须处理这些问题的可能性就越低。这种要求，很大程度上也适用于公司的法务、合同、债务和知识产权（IP）等方面。

时间投入

收购方将投入数百个小时的人工，投入大量的时间，并制订流程、实施的计划。他们希望你也愿意这样做，为交易的完成而投入时间。

这就好比你在买房的时候已经敲定了合同，但卖方却迟迟不将需要的文件提交给抵押贷款公司，导致交易停滞。这样你也不会快乐。要准备好投入时间和资源，完成这个任务繁重且要求很高的过程。

分担风险

任何明智的收购方和专家团队都希望你能分担他们所承担的风险。他们在拿资金、时间和他们的声誉冒险。这笔交易可能存在达不到预期目标的长期风险，但在并购完成之前没人会注意到。他们应该希望通过交易结构的安排，让你的公司和他们的公司分担这一风险。

承诺充分发挥公司的最大价值

在接下来的几个月里，你会把大量的时间花在想办法达成这笔交易上，而且可能会把公司的决定权交给别人，但这并不意味着你可以开始在公司的核心业务上偷懒。在这个过程中，你必须让公司维持同样的业绩表现，才能以最初的条款交割。业绩增长率、品牌声誉、营业收入和盈利能力都是如此。

收购方也希望看到，公司在卖掉之后能继续成功。这就是为什么创始人通常会面对竞业禁止条款，而且会被要求在公司卖掉之后的几年里继续留任。在大多数情况下，他们不希望你把一家即将倒闭的公司扔在他们的账上。

让他们看起来不错

坐在谈判桌另一边的所有人都想让自己看起来不错，尤其是想要在自己的汇报对象面前看起来不错。这些人包括团队负责人、高管、董事会、投资人、股东甚至是公众。要确保你的定位能帮助他们实现这个目标。

在本书的后续章节，我们将深入挖掘战略收购和财务收购的一些动机，以下简单罗列了一些最常见的动机：

- 获得数据
- 获得收入
- 扩大市场份额
- 维持及加快增长
- 保护知识产权
- 人才收购，意味着引进更好的人才
- 防止竞争
- 高效地增加新的垂直市场和新产品
- 获得良好的财务结果

为什么大多数收购失败了

根据CB Insights的数据，70%的初创公司在第一轮融资后收购失败；有些细分行业，比如硬件行业，97%的初创公司最终都会死掉或者变成僵尸公司。

如果你已经走到面临并购的地步，那就已经战胜了重重困难。但是，有 60% 甚至更高比例的收购也以失败告终。有些人认为这个数字甚至高达 90%，所以现在你仍然没有走出困境。

下面我们将探讨，在并购交易的过程中及公司出售后几年内失败的一些主要原因。

计划就是失败

在某些情况下，谈判的目的并不是实现交割。他们可能只是想看看你公司的内部情况，了解公司是如何运转的。他们可能只是想让你陷在这个过程之中。也有一些情况，让你的公司失去竞争对手的地位，购买可能是一种更便宜的方式。他们买下你的公司可能只是想让公司关门。

这不是他们所期望的

在尽职调查过程中，通过对相关数据和事实进行深入挖掘，收购方发现收购你的公司的前景可能达不到他们的预期，或者说达不到宣传的效果。也可能存在股权结构、债务、合同和其他法律问题。大多数创始人完全没有察觉这些问题。

胜任力不足

没有多少公司和创业者拥有丰富的并购经验，他们可能缺少一个有组织的收购或入职流程。这也许是他们的第一次并购经历。即使是规模较大的公司，新员工也可能给公司带来不利影响。

有人说，即便是完成过大量收购的一些大的科技公司，在整合和运营新的收购公司时也并非总是有效。他们在某些方面确实能做得很好，但在一家小型的初创公司身上获得最大收益这方面，并不是一直能做得那么出色。因为在收购过程中与你打过交道的人，在交割之后可能只是把你的公司丢给别人去管理，他们对公司的愿景、优先级或认可程度可能与你不同。

整合

并购失败的首要原因，可能是业务的整合。你要将两个文化完全不同的对立面融合在一起，两家公司的价值观、优先事项、思维方式和运营体系往往完全不同。这项工作很有挑战性。

不断变化的市场和环境

在完成交易的几个月时间里，情况可能会迅速发生变化。只要看看新冠疫情改变商业和经济的速度就知道了。

诸如此类的因素可能会彻底改变某些公司的估值和吸引力，以及完成交易的信心和紧迫性。但好的一面是，变化有时也会戏剧性地对你有利。

了解这些陷阱，将极大地帮助你的公司在并购流程中占据优势，避免大量时间和精力的浪费，同时明确交易的定位，以获得更好的结果。

初创公司的退出机制

03

投资银行家的角色

投资银行家在并购中扮演什么角色？

除非你上学时学的就是如何成为一名投资银行家，或者你大学毕业后或实习期曾在投资银行工作过一段时间，否则到目前为止，你可能对投资银行家都没有什么了解。如果你的公司表现不错，迟早会有一位投资银行家来向你推销他自己。

那么，投资银行家如何参与并购？你应该在什么时候让他们参与交易？如何对他们进行挑选？费用是多少？

什么是投资银行家

在金融领域，投资银行家可以做的事情有很多。他们可以充当财务顾问，准备招股说明书，在申请 IPO 时协助完成美国证券交易委员会（SEC）需要的资料，就收购其他公司的最佳方式为收购方提供建议，并帮助他们找到收购所需的资金。

而作为并购交易的出售方，投资银行家可以帮助你评估公司的价值，并给你提供交易条款和交易结构方面的建议，代表你进行谈判，并帮助你向其他潜在收购方推销你的公司。

从本质上讲，投资银行家就像是为公司的买卖双方牵线搭桥的代理人或经纪人。

红脸和白脸的角色

你的创业公司会出现哪个角色？

就像销售人员一样，投资银行家经常扮演红脸和白脸的角色。这通常取决于他们的风格和情况的需要。无论是哪种角色，他们的建议或许没有错，但有时候可能并不是以你习惯或能接受的方式提出。

他们想要完成交易，因为这样他们才能获得报酬。有时，他们可能会描绘退出能得到什么来激励你，从而推动交易的达成。也有一些情况下，他们可能会让你感受到达成交易的压力，例如在谈判条款和交易结构的时候。当然，你也不希望低估自己的公司。

另外，你也不希望在完成交易的压力下，陷入高估公司价值或接受不该接受的条款的陷阱。你可以依靠其他值得信任的顾问，听听他们有经验的意见，在遇到困难或者需要确保（或者确实需要听到）投资银行家所说的是真话时，请他们给你支持。

还有一种红脸和白脸的情景需要考虑。聘请一位投资银行家之后，也能让他帮你在潜在收购方面前扮演红脸或白脸的角色。这是一种有效的谈判和管理技巧。

投资银行家在你与另一方之间充当代理人作为缓冲，这会带来很多好处。一方面有助于你通过谈判达成真正对自己有利的更好交易，另一方面也避免屈服于一些日后会让你深深后悔的要求。

这是我们在 Panthera 咨询公司与客户合作时所看到的情况。对于那些需要紧张谈判的条款，我们基本上会主动承担令人不那么愉快的讨论。这样，客户在建立合作关系时总是站在积极的一边。

投资银行家为什么能增值

除了在交易双方之间和谈判过程中不断施加干预，并且因此为你节省时间和减轻压力以外，投资银行家还有多种方式可以为投资交易来提供价值。

他们是推销专家

也许你现在已经非常擅长融资推介了，但并购推销在很多方面与之存在明显的差异。

经验丰富的投资银行家精通交易的艺术，至少他们是真正的交易撮合者（不仅是大机构的实习生、入门级分析师及投资经理）。他们至少已经完成了十几笔交易，知道应该说些什么，也清楚你可能会忽略的一些陷阱。

知名机构会有专门团队来准备并购推销资料，这可能会帮你节省时间和精力，这样你就可以把更多的时间花在公司的运营上，而不会被并购交易分散注意力。

他们能确定公司估值

投资银行家也是估值方面的专家，这是他们每天都要做的工作。无论是让他们来掌控从试水到交割的整个流程，还是你和董事会需要第三方的估值意见，或者你只是在收到一份收购要约后想看看还有没有额外的要约，他们都可以提供帮助。

他们看到了你公司的最大潜在价值

投资银行家看待公司价值的视角完全不同，他们可以看到很多你可能会遗漏在谈判桌之外的战略价值。

他们对并购前景有更宏观的思考，他们理解市场动态的方式，你可能没见过，媒体也没有报道过。至少，一笔交易会存在背后的版本或者不为人知的事情（只要记住他们的动机即可）。

他们负责文件工作

他们可以处理很多文件工作。你应该对收购意向书、购买协议等有所了解，你想学习、想知道要在细节中关注什么，而不是被当作一个彻底的新手。

虽然文件工作很繁重，但很重要。每项条款的影响都很大，让专业人士来帮你处理可能更有效率，并且能帮你避免一些严重的错误，至少在首次并购交易中你应该选择他们。

他们了解玩家

如果进入这个行业已经有一段时间，那么投资银行家就会了解这个领域的其他参与者。他们知道哪些企业可能寻求收购哪些类型的初创公司，谁是真的想买，谁是好的收购方，谁是糟糕的收购方，等等。

他们或许还跟这些企业正确的部门和决策者建立了联系，这样跟冷启动相比，他们就能更快地联系到你的目标收购方。

他们知道如何延伸以协助完成交易

投资银行家的工作也会深度介入企业金融，因此他们知道如何帮助收购方拓宽收购范围。他们可以帮助收购方募集资金，并找到贷款，在收购方需要的情况下让他们套现出局。

寻求合适的建议

如果走到这一步，你已经知道了好的建议能产生什么力量。那么，在并购交易中如何继续获得好的建议呢？怎样为你的交易选择合适的投资银行家呢？

选择合适的投资银行家很重要。当然，在他们的建议与当前值得你信赖的顾问的意见以及你的直觉之间寻求平衡，这一点同样重要。

可信赖的推荐

选择投资银行家可不是玩轮盘赌或依赖 Siri 的帮助。去找你的投资人、顾问和其他刚刚完成退出的创始人，他们可以向你推荐值得信赖的、有能力的投资银行家。

长期经验

毫无疑问，你的初创公司需要经历多年的尝试及摸索，投资银行和并购业务也是如此。你当然不希望自己成为一位新手的首批试验品。

要想了解和掌握出售公司时的细微差别和要点，可能需要数年时间。找一位在这个领域从业时间足够长、真正有见识的人。

那些参与过大量交易的投资银行家，可能不仅积累了专业知识，而且学会了模式识别，知道如何处理他们过去经历过的某些情况。

这种模式识别能力最终能优化你潜在的回报。

行业经验

除了并购的常规的卖方经验，你还希望投资银行家在你公司所在的行业有特定经验，比如了解医疗健康、SaaS、销售卖场，或你所在的任何领域。

这样他们就拥有处理复杂问题的经验，也知道隐藏在角落里的价值。在你的目标收购方列表中，他们拥有强大的人脉关系网。

此外，不要只关注机构的品牌，最重要的是将与你共事的那个人。在你所期望的交易规模上，这个人应该是专家。这对于确保与对方在费用规模上达成一致也很重要。

不只是你想听的

你选择投资银行家，并不是让他说一些你想听的话、听起来流程更简单，或者承诺能以最高的价格出售。这些都是巨大的危险信号，预示着后续的灾难。实际上，你甚至不必喜欢与你合作的投资银行家。

你需要的，是一个对你开诚布公的人，为你后续的工作做好充分的准备，同时也是一个诚实的人，即使他知道有些事情你不会喜欢。

分解费用

投资银行家的成本是多少？需要支付他们多少费用？聘请他们值得吗？

有人说他们太贵了，也有人认为很划算，他们不会考虑自己单独操作。在某些情况下，你可能已经拥有一支强大的并购团队，或者在制定战略发展和准备退出时已经打下了一个坚实的开端。

在另外一些情况下，以自己操作的方式出售一家大公司，就像一个没有接受过相关教育或没有经验的人在生死攸关的审判中试图为自己做法律辩护，或者一位没有医师资格的医院老板跳出来做开胸心脏手术，你可以想象最终的后果。

投资银行家可能收取的各种费用，如图 3-1 所示。

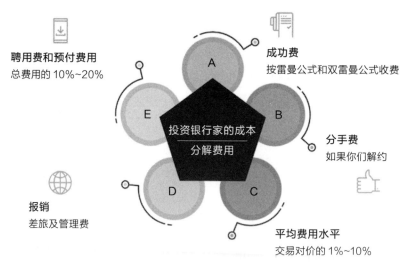

聘用费和预付费用
总费用的 10%~20%

成功费
按雷曼公式和双雷曼公式收费

分手费
如果你们解约

报销
差旅及管理费

平均费用水平
交易对价的 1%~10%

图 3-1 投资银行家的费用

下面将更详细地介绍这些费用。

聘用费及预付费用

跟任何优秀的律师、营销代理或者咨询顾问一样，优秀的投资银行家也会收取聘用费。这笔费用可以确保你对交易是认真的，并确保投资银行家在付出时间之后能得到报酬。

聘用费可能占总费用的 10%~20%。双方应提前签订书面协议，说明每月可收取的聘用费金额，以及整个收购流程的最长周期。关于每月的聘用费，你至少要做好 5000~1.5 万美元的打算。

对于更大体量的交易，聘用费不低于 10 万美元。规模较大的机构有更多的人手，也不需要通过乞求的方式获得交易。他们通常会挑选那些最赚钱、最知名的交易。聘用费当然也会水涨船高。

报销

除了要支付他们交易工作的报酬之外，你还要支付或报销投资银行家在此过程中垫付的相关费用，可能包括差旅费、住宿费等。否则，他们可能会垫付一大笔钱，而且你无法保证他们能够完成交易并收回成本。

成功费

成功费很像佣金，投资银行家因为将你的公司成功出售并完成交割而获得报酬。

这是确保双方利益一致的最佳方法之一。只有在交易完成并且收到交易对价之后，你才需要支付这笔费用。所以，一定要仔细了解细节，搞清楚收购完成后的真实分配情况，你的投资人、你的团队和你自己各自的收益是多少。

成功费存在几种模式，比如固定费用模式。对于规模较小、工作强度较大的交易，这种成功费模式可能尤其适用，因为投资银行家想要确保收费能够弥补成本，并实现所需的利润。

同样，成功费也可以是百分比模式（比如 10%）。在这种情况下，无论你的公司出售的价格是高是低，你都需要支付相同百分比的成功费。

此外，成功费还有按阶梯式比例收费的模式。最常见的是按雷曼公式和双重雷曼公式收费。

双雷曼公式的费用结构如下：

- 前 100 万美元的 10%
- 第二个 100 万美元的 8%
- 第三个 100 万美元的 6%
- 第四个 100 万美元的 4%
- 超过 500 万美元部分的 2%

而常规雷曼公式中的各项百分比是上述百分比的一半。

此外，成功费还有反向的阶梯式收费百分比模式。这种情况下，与雷曼公式的比例不同，经纪人或投资银行家将你的公司卖出的价格越高，他们获得佣金的比例就越高。

这可能让双方的利益达成最大程度的一致，让他们有足够动力帮你获得最高的售价。你最终能获得多少交易价款、有多喜欢这笔交易，仍然要取决于具体的合作条款。

请记住，根据美国 SEC 的规则要求，在公司融资时，任何人要想收取基于交易结果的佣金，都需要在美国金融业监管局（FINRA）注册为经纪人。

如果你聘请了一位没有注册的经纪人来帮你融资，而你又向这个人支付了一笔成功费，那么一旦公司的业绩没有达到投资人的预期，公司就可以起诉你，因为你聘请了一位没有合法执照的经纪人帮你完成了融资。

但是，在公司收购交易中，经纪人没有必要获得执照。美国 SEC 在 2014 年发布了一封无异议函，允许经纪人在不注册的情况下收取成功费。

分手费

你与投资银行家的合作协议中，可能还包括分手费，也就是合作取消费用。

如果你改变了主意，或者退出了交易，或者你公司的情况变得比较艰难，又或者你在介绍公司的情况或与投资银行家带来的潜在收购方打交道时不够透明，而投资银行家已经为此付出了成本，就需要支付分手费。

你要了解分手费是多少，因为如果你选择放弃，或是拒绝了能满足你要求的收购要约，或只是选择进行新一轮的融资或上市，你就必须支付分手费。

平均费用水平

收费的趋势和高低可能随时间而变化。以下是按照收购价格估算的一个非常粗略的费用范围：

- 0~1000 万美元：10%

- 1000 万 ~1 亿美元：3%~10%

- 1 亿 ~10 亿美元 +：1%~2%

退出机制

初创公司的

如何提前计划

04

你已经知道创业需要很大的灵活性和长期的规划，你也知道未能对未来进行规划及没有看得足够长远所带来的痛苦。

但是，你可能从来没有计划卖掉你的公司，或者你已经把目光投向了公司的IPO。不过，如果你打造了一家优秀的公司，那么很可能会有一笔并购交易来找你。基于各种原因，这可能会被证明是你最好的退出方式。

如果你打造公司的方式是为了成为一家有吸引力的收购对象，那么你的公司将会发展得非常强大，能成长为一家具备巨大长期潜力的私营公司，或者可以实现后续融资或IPO。将并购作为一种可能的退出策略，会让你拥有最大的灵活性和力量，去应对多种可能的结果。

大多数初创公司都没有提前做长远打算，为并购退出做好准备。一旦并购真的成为一种选择（或者必需事项），缺乏计划会让并购的对价大打折扣。计划做得不充分就意味着出售的条件较差，整个流程也会更加繁重和紧张。

不妨将并购比作归还一辆租赁的玛莎拉蒂汽车。如果你确保对汽车做了适当的维护，使其保持了原始状态，进行了清洗，按时更换了机油，加了正确的汽油，避免了任何损坏，并且未超出你的行驶里程数，那么在归还的时候，经销商将会非常乐意将你升级到更高的客户级别。也许只需要一个签名，你就可以在一个小时之内完成租车还车。

但是，如果你把那辆玛莎拉蒂作为十几岁孩子们的第一辆车，而在三年的漫长时间里，他们就像驾驶一辆旧的四轮四驱越野吉普车一样。当你去找经销商时，结果可能完全不同。每一处的刮痕和凹陷，都意味着经销商会收取几百美元或几千美元的赔偿，如果有更大的问题可能会让你损失惨重。要解决问题，你可能会收到一张几万美元的账单。如果经销商把车送去拍卖，价格只有原价的一个零头。

聪明的初创公司从创立之初，甚至是在创立之前，就为退出做好了计划。他们创立公司的时候就考虑到了最终目标，以及可能的退出B 计划或 C 计划。

计划中的因素包括公司的设立方式及设立地点、应用的法律文件、采用的薪酬体系、哪些人获得股权、如何引入资本、公司的全面发展，乃至日常运营所使用的软件和系统。

如果你希望公司能在一个较高的水平上参与并购及退出，那么明智的做法，就是让你创建的公司自身能够做到这一点，或者在这个水平上可以很容易地评估并与另一家公司进行整合。

这就好比房东想把自己的租赁资产组合扩大，然后卖给大型基金大赚一笔。如果他们的经营没有良好的会计记录，缺失或没有收集整理所有的租金记录、房产的票据、维护装修的资料，以及出租的合同，大型基金将很难理解这一切。他们很可能会一走了之，或者在最糟糕的情况下，这些房东只会收到一份大打折扣的报价。

还有一些房东在布鲁克林或迈阿密拥有几栋公寓楼，他们配有专业的管理团队，而且使用的专业语言、会计方式和软件系统都与那只大型基金一样。那么相应交易的价格和执行速度会有很大的不同，他们也有能力挑选到合适的收购方，确保后者能管理好这些房产、社区和租户。

如果你的公司经营得很好，那么出售流程可能只需要几周时间，而不是一年。公司的估值也会好得多。如果是这样，你需要面对的不眠之夜、皱纹、秃顶和治疗会少得多。

另外，你在收购方选择上的余地也要大得多，这可能会让你对公司的退出结果感到非常满意。

思考你想卖掉公司的原因

可能是基于几个理由，让你最终决定出售自己的公司。有些可能是你提前计划的，而有些理由则会在数年后浮出水面，还有一些可能导致了出售公司的合适时机。

以下是创始人最终选择出售公司的几条最常见的理由。

让公司迈向下一个规模和客户级别

公司可能达到了一个增长趋于平稳的发展阶段，要想更上一层楼，还需要更多的投资、更好的技术，以及更大的团队。（可能是面向国内市场，也可能是扩张到国际市场。）扩张可能面临巨大的风险，路途漫长，而且需要更多的资本。

与另一家公司合并并形成合力，或者利用对方在这些市场的专长，不失为一个好手段。

高效增长

你的公司必须不断增长，但也需要增长得高效且能营利。想象一下把你的产品或服务与谷歌或你所在行业的巨头公司对接会如何。谷歌可以瞬间把它们带给数百万甚至数十亿用户。有些公司可能会将这些产品加入自己的产品目录，或者与自己的产品捆绑销售，以提供更多的价值，反之亦然。

履行使命

将公司出售或合并，是你继续履行既定使命的最佳方式。让公司发挥出全部的潜力和充分实现你的愿景，这可能是最有效（或唯一）的方式。

如果你真的想让公司产生最大的影响，并创造大规模的变化，那么你有必要把公司的产品或服务交给更有能力做到的人。

价值已经见顶

在很多情况下，创始人将公司出售或上市，是因为其价值已经见顶。未来可能会有缓慢而稳定的增长空间，如果公司由合适的人掌控，它可以作为一项产生现金的资产，保留在投资组合中。但通常情况下，如果公司的增长率和价值都达到了最佳水平，投资人就希望在发展停滞或下滑之前套现。

报价好得让你无法拒绝

如果公司在各方面都表现不错，你可能会吸引很多关注，获得一些好到令人无法拒绝的要约，拒绝这些要约可能是愚蠢的，或者在法律上你无法自行决定拒绝。当然，这并非意味着你必须接受第一份要约。如果你能坚持等第二份或第三份要约，或是手里拿着一份要约四处兜售，你可能会惊讶地发现，还能获得来自其他投资人的兴趣。

推动你学习的机会

如果你是在挑战和学习中成长起来的，那么将你的公司融入另一家更大的公司可以带来更多的机会。你可能不想再长时间为别人工作，但很多创始人都喜欢这种体验，就是站到最高层级去了解优秀公司，并与处在最高层的人共事、向他们学习。如果你的下一次创业想达到更高的高度，这可能正是你需要采取的行动。

融资的挑战

你所面对的市场会改变。经济的发展可能会出现一些意外情况，而你所在的行业或模式可能会让你的公司很难获得新一轮融资，或者至少是很难获得有吸引力、合理的条件。这可能是一个很好的时机，来考虑将退出作为一种选择。

为团队创造一个好的结果

有些创业者有过退出的经历，他们知道一次重量级的退出能给团队成员带来什么，为别人复制这种结果会令他们兴奋不已，他们也希望重复这样的事情。

一次成功的退出，是回报团队对你的信任、为公司的使命所做出的牺牲以及所有辛勤工作的绝佳方式。对他们自己、他们的家庭以及与他们的生活和财产有所关联的其他人来说，也会产生巨大的影响。

创立、发展和出售初创公司，是一条不断扩大这种影响力的绝佳路径。

个人原因

危机随时会出现，这意味着你需要为你的家人做一些事情。你可能只是激情不再，或者为了健康，你渴望或需要在生活方式上有所改变。或者，这可能只是一次套现的机会，让你可以把握住自己创造的收益。

你可能发现，这是一个完全能改变你的财务状况和稳定性的机会，以后你可以继续去做一些新鲜的事情，能够换个角度，去追求那些对你来说是重要的目标，而不仅是为了赚钱。

继续做其他事情

也许你只是想释放自己，继续做其他事情。也许有一个新项目或新问题让你感到兴奋，你希望能够全力以赴。可能你只是觉得无聊，渴望从零开始做新的事情。

有些情况下，公司的潜力很明显将会触达上限。它也许是一家伟大的公司，一家有意义的公司，一家利润不错的公司，只是它可能永远也成为不了一家市值几十亿美元的巨头。还有些创始人出售公司，是因为其经营状况发生了变化。他们与合作伙伴和投资人发生纠纷，对公司的发展方向、价值观和文化感到不满。在这些情况下，继续维持公司运营是没有意义的。

解决问题

无论什么原因导致你要出售公司，你可以采取几个步骤来组织和整理，以确保获得最高金额的退出。

法务整理

收购方不喜欢一些未知的状况，遇到这些未知状况时，他们就会按最坏情形进行定价，对卖方来说，这通常意味着是在公司实际情况的基础上大打折扣。你要尽可能地消除任何潜在风险，消除疑问。

具体包括整理运营协议、知识产权登记、雇佣合同、与外部供应商的协议以及任何未决诉讼或投诉。确保一切资料都是组织好的，并且处于最新状态。

偿还债务

公司出售的交易结构不止一种。根据出售的方式是股份出售还是资产出售，以及如何处理不同的资产，可以按不同的方式看待和处理公司的债务和金融负债。

如果你是一位艰苦奋斗、自力更生的创业者，那么公司可能需要还清所有由你个人担保的债务，你可不要让这些债务落在别人手里。

除了关注债务权益比率，还要记住债务也是一种形式的风险。虽然从总资产中扣除负债就是净资产似乎合乎逻辑，但要考虑到，收购方也许能够以更低的成本购买其中的部分资产。他们或许还会发现，多余的资本有更好的用途。

还清债务肯定能让你的公司看起来更为强大，前提是你留下的营运资本不要太少。否则，一旦谈判旷日持久，资金不足可能会把你压垮。

让自己可以被抛弃的重要性

具备规模化、有出售潜力、真正超高速增长的初创公司，与那些属于生活方式型的小公司、那些更有可能倒闭而不是被收购或上市的公司，两者之间的一个重要区别，就在于创始人是否可以被抛弃。可能与你听到的道理相反，在收购交易中，创始人可以被抛弃是一件好事。

为什么这一点如此重要？你如何能够做到？

出售公司的能力

很多创业者在指派和授权他人时会遇到困难，他们很难后退一步，让其他人去完成好各自的工作，自己只做决策。最终，他们只会围绕自己打造公司，公司的运作也要依赖他们。

这种做法，不仅意味着一旦你生病、想去度假或者有事离开，公司的运转会出问题，而且也意味着你无法打造出一家真正可出售的公司。你本人就是公司。对收购方来说，雇用你比收购你的公司更有意义。

从传统上看，收购拥有优秀管理团队的公司是一件好事。不过，在买卖初创公司时，最好是拥有一台在任何人手中——尤其是一个专门负责将公司提升到生命周期下一个层次和阶段的新团队——都能正常运转的机器。

价格

收购一家可独立、规模化发展的公司，与招募一位能实现收入、自己创立过公司、或许还打造过助理团队的销售人员或技术专家，二者的价值显然存在巨大的差异。

不被长期留任

即使你实现了一次重大的退出，但如果你没有让自己完全可以被抛弃，那么收购方会要求你留任几年，以继续经营这家公司。

高达一半的收购价款可能会与你留任在新公司相关联，包括你能否成功达成关键的绩效指标（KPI），以及能否确保公司完成整合。因此，为什么不提前解决这个问题，让自己获得更好的价格和更多的自由呢？

如何让自己可以被抛弃

有多种方法可以让你从一开始就把各项工作做好，避免让自己可被抛弃成为一个问题。

品牌宣传

创始人一定要确保为公司打造品牌，而不仅是为自己。打造自己的品牌可能会带来持续的好处，但这仅仅与你相关。如果你专注的是自己，那么个人品牌与公司之间就没有太大的差异。你这样做等于放弃了大量的股权价值，破坏了一笔潜在的出售交易。

虽然运动员拥有个人品牌，但价值最高的优秀队伍并不依赖任何一名运动员的个人品牌。NBA 的湖人队和热火队的价值相当可观，即便无法保证下个赛季某位球员是否还会留在场上，这个级别的球队也可以被买卖。球员们来来去去，大多数人甚至不知道教练或老板的名字。

即便没有理查德·布兰森（Richard Branson），维珍公司（Virgin）也可能是一个独立的品牌，但人们很难相信，没有史蒂夫·乔布斯（Steve Jobs）苹果也能如此出色。现在，可能很少有人相信没有沃伦·巴菲特（Warren Buffett），伯克希尔·哈撒韦（Berkshire Hathaway）还能保持吸引力。

招募优秀的人

成功的连续创业者会分享很多经验，其中最重要的建议之一，就是尽早招募一支高素质的高管团队。人才招募要自上而下，而不是自下而上。让公司的部门负责人来管理他们的部门和团队，而不是招募一帮相当于业务助理的员工，之后在他们与你之间安插一些经理的职位。

创业之初就给自己设定正确的角色

创立公司时，要牢记最终目标。从一开始，你就要按照自己希望的结局来打造公司，而不是期待能在未来某个神秘日子里对公司重新调整。这种做法即便不是站在董事长的高度，至少也要站在 CEO 的高度，由他们从上而下对公司进行管控，而不是由销售主管或技术专家负责。

你一开始是公司的老板，然后你的身份可以被另一位老板替换。不要成为战壕里的实干家或者唯一的超级明星。

初创公司的退出机制

05

准备推销材料

公司的推销材料或收购备忘录至关重要，是实现最佳退出的关键一环。就像股权融资中的融资演示文件一样，推销材料也是用来展示你的公司的机会。

如果你觉得自己已经非常擅长通过融资演示文件快速完成融资，且编写一份并购推销材料也不难，那你应该了解，后者的编写需要更深入一些。

你需要展示的内容更多，受众的期望也会更高。你可能没有投放广告，或者在橱窗里张贴待售标语，但你的推销材料是你进行宣传的机会，它可以展示你们公司为创造价值而共同努力的成果。

将信息打包

那么，你如何打包所有的相关信息和公司的数据，并形成一份微妙的销售推销材料？

除了更敏感、更深入的数据之外（这些数据应该上传到交易室的云端存储，并通过可撤销的权限访问），传达所有必要信息的最佳方式是类似于推销演示文件的幻灯片。

虽然有效的推销演示文件已经变得更加紧凑和简化，但当进入公司出售阶段时，你的演示需要有更多的实质性内容。

首先，你要意识到，与种子轮之前的融资相比，公司现在可以提供的实实在在的数据和信息可能要多得多。

其次，你要明白，早期阶段投资人仅仅关注你的愿景和乐观主义精神，而审视你并购推销材料的人，对事实、数据和数字的关注要多得多。

不要忽视这样一种能力，即通过向收购方描述你可以开创的新愿景，让收购要约看起来更具吸引力、更牢固和更有价值。在这个关键节点，还有很多交易的艺术，不要因为忽视这个机会而损失数百万美元。

公司有什么独特之处

市场上有数以百万计的公司，你所在行业的公司数量可能至少也是数以万计，在产品、技术以及供应链位置上与你相同的公司至少也有几十家，甚至有几百家合适被并购的公司。那么，是什么让你的公司独一无二呢？

收购方有多种选择（包括自己创建），那么你的公司有什么特别之处，值得他们投入大量时间和资金来收购呢？

到目前为止，在向客户推销产品或服务时，你应该已经明确了自己独特的卖点。对你公司当前的处境来说，这也是一个至关重要的因素。你的公司是成长更快速、运营更精益化、售价更便宜、更受人喜爱，还是更高效？有什么是你的竞争对手所不具备的，不能与你匹敌的？

在这种情况下，同样重要的是要清楚地传达，你的公司作为潜在的收购对象和资产有什么独特之处，有什么特别的价值，有什么独一无二的优势。收购你的公司，收购方能获得哪些他们在其他地方得不到的东西？他们只有收购你的公司而非你的竞争对手才能获得的独特的东西是什么？在这种情况下，你的竞争优势是什么？

以下所列是可供参考的几个方面的因素：

- 你的团队
- 你的商标和专利技术
- 你的客户基础和公司与他们之间的关系
- 你的数据
- 你消除的风险
- 你已证明有与对方公司有效合作的能力
- 你的成功履历

明确潜在收购方的价值诉求

潜在收购方的价值诉求不仅是收购你现有的资产。

如果你公司的盈利和现金流状况良好，对于财务型买方来说会有一些不确定的回报价值。如果你公司面临的是一个纯粹的基于资产的收购，即使这些资产最后会形成收入和回报，那也需要有价格折扣。买下你的资产和公司，他们能少花多少钱，值得来锁定利润和隔离风险？如果这是你唯一的卖点，那么很显然，所有的交流以及拿到条款清单之后的谈判，都将聚焦于他们如何才能把价格压低，以便宜的价格购买。这显然不是你想推动的方向。

即使在减价出售的情况下、在破产的边缘，你也要尽可能让结果最大化。

这才是撮合交易和出售公司的真正艺术。

明确价值诉求，可以给你的公司和这笔交易的估值增加八位、九位，甚至十位数。

这是一个痛苦与快乐的公式。他们需要止痛剂来缓解什么样的痛苦？如果现在不采取行动，那么在不久的将来他们会面临什么样的痛苦，需要不惜一切代价找到治愈方法？

他们要寻求什么快乐？收购你的公司如何帮助他们实现目标和抱负？你不仅要看他们公司的股价在未来几个季度的走势，还要看公司的整体规划和长期发展规划。

同样重要的是，要记住他们是正在跟你推动合作的人。他们都有自己的意识、恐惧、痛苦和抱负，他们不想在老板或董事会面前把事情搞砸。他们确实希望自己看起来很聪明，并因为做出了一些了不起的行动而受到称赞。

推销材料中的很大一部分内容，可能超过30%，都是对合并或收购交易的巨大的增长潜力做愿景预期和模型搭建。

要确保你的规划布局符合他们的目标、战略和计划，而不是你的。要尽量生动地描绘出最好的情况下结果可能是什么。

根据不同的情况，下面是一些可能需要关注的要点：

- 怎样才能挽救他们的品牌，使其不至于变得过气和不吸引人，并帮助其重新变得热门和受人尊敬
- 你能为他们公司获得的竞争优势
- 你可以为他们提升的增长率、收入和盈利能力

为潜在收购方制订过渡计划

不要太沉迷于推动交易和完成交易，而忽视了交割后的事情。那才是决定成败的关键所在。

收购方很清楚这一点。他们也知道在剩余的流程中你可能会分心。实际上，并购交易价款的很大一部分可能取决于交易交割后的业绩表现、整合情况以及能否实现未来几年的预期目标。

这也不仅是钱的问题。在交易完成后，你的公司以及使命和愿景，可能会被拆分、折叠或者被抛弃。

提前表明你已经深入思考了下一阶段的工作，能体现你作为一名领导者的能力和担当。他们不会把你视为一个容易利用的目标。同时，这也能表明你是慎重的，要让公司出售后能成为他们的一笔成功收购。

他们很可能有自己的想法和计划，来合并及吸收你的公司以及公司的资产和员工，一旦公司被移交给收购方内部的新团队，你公司的很多要素就会改变。不过，花些时间为下一阶段规划一条或多条潜在路径，这仍然很有价值。

其中很大一部分内容可能体现在过渡期服务协议中，包括以下事项：

- 交割后各方要提供的服务
- 过渡期的费用由谁支付
- 可能涉及哪些第三方以及由谁负责挑选
- 各种权利、数据如何处理
- 审核和审计能力
- 协议及其条款中的违约事项将如何升级以及处罚
- 谁将承担哪些负债
- 收缩计划

不要让这些事情顺其自然地发展，一定要确保尽早对这些问题进行谈判。这些事情的安排会给你提供一些信息，让你提前知道真正的退出结果。

起草营销计划

如果你是慎重地推动公司的退出，而且时机是合适的，那么你不能太被动。你需要有一笔营销预算和一支才华横溢的创意团队，去讲述一个合适的故事。

一场成功的营销活动，往往始于一个深思熟虑的策略和计划。但并购不是你可以心血来潮随意尝试、然后在接下来的几年里不断重复和优化的事情。你没有这么宽裕的时间可供浪费，而且执行的好坏所带来的差别可能意味着数千万美元甚至更多。

此时你需要一个微妙的策略。不是被动地应对，而是微妙的计划。你并不是在公开做广告出售公司。

你潜意识里要坚信，他们应该购买你的公司，现在是购买的最好时机。如果他们不抓紧时间做点什么，可能会错失良机。

你要做品牌宣传，要让他们能看到，并提供恰当的线索，让他们了解现在是收购你公司的最佳时机，而且你实现某种形式的退出已经迫在眉睫，如果收购方不是他们，就是他们的竞争对手。所以，如果你想让潜在收购方跟进，一定要提供合适的联系方式，让他们为你竞争。

你需要先做研究，最好能形成一份目标收购方的清单。他们在哪里？他们看到了什么？什么时候是面对他们的最佳时机？

下面是一些实施方法：

● 电子邮件

● 博客

- 新闻媒体

- 播客的嘉宾

- 广告

- 社交媒体：领英（LinkedIn）、推特（Twitter）和热门的行业平台

确定一个强大的次序和结构

一份优质的推销材料或收购备忘录看起来是什么样子的？

次序和结构非常重要。你需要囊括所有预期的信息，要确保每一件事都是正确的。对于其他所有只会让意向方陷入困境或者让他们望而却步的信息，一定要排除在外。

跟融资时的演示文件一样，仅有正确的信息是不够的，信息必须以合适的次序展示。比如，你把所有的拼图块堆放在地板上，除非它们被正确地拼在一起，否则无法构成一幅漂亮的图画。又比如，你的办公大楼要进行电路布线，你有合适的配线和合适的开关型号，但如果是在周末由未获得从业资格的业余人士来连接，可能会引发一场非常危险的灾难。

收购备忘录分为三个部分：

- 当前状态。你公司的情况如何？有什么资产？

- 问题。你能解决收购方的什么问题？

- 解决方案。并购如何解决问题？解决方案有多好？

如果你的 PDF 文件或打印稿采用的是竖版布局，要用较短的段落来分别介绍这些内容。如果你选择更流行的演示幻灯片，那就采用横版布局，并且采用简短的要点和陈述。

选择与你公司品牌形象相匹配的背景、颜色方案和字体，多使用图片（当然，也包括图形、表格），能使文件对阅读的人产生吸引力。

收购备忘录模板

这份收购备忘录模板⊖是根据我在网站上发布的推销文件模板，以及很多其他创业公司的业务模板和表格⊖修改而来。

收购备忘录中包含的幻灯片数量有：

- 封面
- 声明
- 目录
- 执行摘要
- 市场机会
- 解决方案
- 目标市场
- 竞争及优势
- 市场吸引力
- 财务状况及预测
- 执行团队
- 技术平台
- 市场营销
- 公司历史
- 出售原因

⊖ https://alejandrocremades.com/aquisition-memorandum-template/
⊖ https://alejandrocremades.com/business-templates/

● 收购方资质

● 收购意向书指南

以下将详细介绍这些幻灯片的具体内容。

封面

封面上一定要提供你的联系方式、公司名称和品牌形象。封面幻灯片就像是给收购方的一份电影预告片。

你要让这页幻灯片能够预设期望值，以便收看者对后续的内容有所期待，并且要展示出电影的内容可能会让他们感兴趣。通过视觉的方式展示你在做什么，尝试巧妙的设计可以让效果更好。

请记住，越来越多的公司在收购备忘录中使用横版幻灯片。如果你使用的是竖版格式，要确保标题相同。使用横版的话，多采用要点和简短陈述，而竖版则最好使用简短段落。

声明

你的并购律师一定会坚持要你准备一份必要的声明。声明内容可能需要三页幻灯片，但保险起见，你最好将所有必要的信息加入其中。

目录

目录可以让你的收购备忘录更便于审阅，并向他们展示其中包括什么内容。这样，如果他们希望先看更感兴趣的部分，就可以轻松快速跳转。

执行摘要

在执行摘要中总结所有的内容。针对每一家潜在的收购方，这部分内容可以量身定制。这部分会决定他们是否继续阅读后续内容。

市场机会

根据需要，这部分可以用两三页幻灯片。运用一些图形和数据图标，包括一些他们可能并不了解的有趣事实和统计数据。在这部分，你要谈论时机，以及为什么你的公司处在合适的历史时刻。

解决方案

这部分可能会细分为 3~5 页幻灯片，解释公司的业务及解决方案：

- 公司的产品或服务是什么
- 产品或服务如何应用
- 公司怎么赚钱
- 商业模式是什么

要做到简洁，可以使用一些流程图和图片。

目标市场

这页幻灯片主要介绍可覆盖的目标市场是什么？市场空间有多大？增长率是多少？

竞争及优势

这页幻灯片的内容可能非常类似融资演示文件中的 SWOT 分析和竞争对手分析。一定要适当调整，使之符合并购的背景情况。建议用一张图来呈现。

市场吸引力

用 2~3 页幻灯片，提供公司的财务指标和关键绩效指标，重点介绍公司的增长、里程碑、客户数量、收入情况等。

财务状况及预测

提供公司过去 3 年的历史财务数据，以及基于现状和当前发展规划，公司未来 5 年的财务预测。

然后，你可以展示财务模型，以及预测与对方达成合作关系、合并或收购之后的情况。

尽量避免提供财务模型的截图。相反，你可以从财务模型中挑选一些数据，放到漂亮的幻灯片中，并以潜在收购方易于理解的方式进行呈现。

执行团队

用 1~2 张幻灯片来介绍你的执行团队，要有头像、头衔、名字和一两句话的简历。

团队将会成为一项关键的资产。通过之前的经验和业绩，讲清楚你是如何让合适的人处在合适的位子上。

技术平台

列出公司产品所使用的技术。潜在收购方最感兴趣的，是区分这些技术中有多少是从其他公司授权而来的，有多少是开源的，还有多少是有实际价值的专有技术，你已经开发出了什么，以及有哪些知识产权是你有权利出售的。

潜在收购方可能会引入技术顾问来进行审查，因此你对关键要点的介绍越多越好。

市场营销

通过图片或要点提纲来解释你的市场营销策略以及渠道。你获取客户的方法是什么。

这也可能是一个机会，向对方展示收购你公司的优势所在，以及如何从交易中获得额外的效率、价值和利润。

如果你能做好这张幻灯片，潜在收购方可能会开始设想，一旦你的公司被他们收购，市场营销将会如何实施。他们可能还会考虑，你公司的竞争优势如何帮助他们实施其他一些举措。

公司历史

用一个简单的公司发展时间线，展示公司是什么时候创立的，已经完成了哪些有意义的里程碑。

你甚至可以在这里加上一个路线图，融入自己制订的一些计划。

出售原因

阐明你现在为什么要出售或愿意出售你的公司。是因为公司发展遇到天花板了？你在财务上遇到困难了？或者，你是不是看到了一条更有效的增长途径来实现你的愿景？

在这个部分你要小心。潜在收购方总是带着疑问："这家公司怎么了？"要避免助长这种担忧。

事实就是事实。但你传达信息的方式可能会带来不同的结果。

收购方资质

可接受的收购方应具备哪些条件？你有兴趣跟谁谈？谁最适合？你会浪费他们的时间吗？

收购意向书指南

如果收看材料的人对收购你的公司感兴趣，他们应该采取哪些步骤？如果他们要启动交流和互动，应该跟谁联系，如何联系？

初创公司的退出机制

06

理顺财务状况

理顺公司的财务状况，这是并购中至关重要的一步，并且越快越好。

要想让并购流程顺利、高效，这个基础的步骤至关重要。理顺财务状况有助于你和团队清楚地了解公司的现状及收购的目标；它是公司估值的基础；它有助于你顺利完成尽职调查，并认识到谁是最好的目标收购方；还有助于投资银行家和顾问做好充分的准备工作，并让你了解到还有哪些其他的选择；它还可以帮助你编写一份强大、准确、有效的并购推销材料。

这项工作需要整理财务文件并让自己了解真实的数字——这也将有助于你为潜在收购方优化你的财务状况和财务结构，在本书的其他章节中你会发现这一点。除了以最佳视角和尽可能高的价值来展示公司，你还能通过最新的预测和财务模型增加更多价值，并且针对将要被问到的问题，让你自己和你的团队做好准备，这些问题会贯穿提交收购意向书之前，到谈判、尽职调查和交割等阶段。

关键是要了解细节，并对这些细节进行打磨，以艺术的手段描绘潜在价值的愿景。

理解财务数据

你可能是一位数字方面的极客，也可能不是。很多创始人对于财务细节都不擅长。他们是富有远见的人，是创新者和实干家，这很好。

不过，在这个特定时期，所有的创始人、决策者以及并购委员会的成员都需要认真研究相关数字、财务数据和运营指标的计算和细微之处。

你必须知道公司的状况与收购方的需求和期望相比有多大的差距，以及你的团队可以做些什么来弥合这种差距，从而让你拿到一份优异的要约。

你的团队需要有清晰的思路，了解公司的使命和信息，知道如何回答那些你可能要面对的问题。

理顺财务状况的第一步，是详细掌握公司当前的财务状况和财务报表。你要通过你的交易室给潜在收购方提供新的财务报表，这些信息也会用在并购推销材料和其他营销材料之中。尽管作为一家私有公司，你在谈判之前可能不会透露太多信息，但你必须确保这是一次匹配良好的交易，而且双方的预期是一致的。否则，你就是在浪费时间。

最重要的财务文件如下：

- 往年的财务报表
- 最近一年的损益表
- 资产负债表
- 往年的纳税申报表
- 现金流量表及分析
- 财务预测

关键指标的重要性

不同的收购方会对不同的数字和指标赋予不同的优先级，这些数字可以直接让潜在收购方对你的公司有很多了解，也会直接影响你公司的估值。

虽然你现在可以采取一些行动，对这些指标进行提升，但不完美的数字也可能给收购方带来机遇和增值潜力，他们可以利用自己的资源和专业能力将公司提升到一个新的水平。同时，这些指标会将一些特定的潜在收购方排除在外，或者让你的公司对他们特别有吸引力，当涉及战略型买方和财务型买方时，这种区别尤其明显。

并购的一些关键指标包括现金消耗率、固定成本、息税折旧及摊销前利润（EBITDA）、总收入、毛利率、销售量、客户获取成本、增长率以及债务权益比。下面将详细介绍这些指标。

现金消耗率

在如今的并购交易中，现金消耗率这个指标非常适用，而且非常重要，特别是现在有很多后期阶段的创业公司和上市公司仍然在亏损，而且这种亏损不是因为任何的经营危机，而是因为其商业模式就是这样设计的。因此，你公司的现金消耗速度有多快？如果公司不能盈利，收购方就需要承担每月亏损的义务，直到公司能够扭亏为盈，或者找到另一种方式创造价值。

固定成本

区分固定的硬支出和可变费用非常重要，可变费用会随销售量波动，可能更容易得以调整和优化。在房产贷款或租赁、保险和许可、维修、工资等方面的费用是多少？

息税折旧及摊销前利润

扣除利息、税收、折旧及摊销之前的利润，是潜在收购方在并购时要考虑的最重要的指标之一，财务型买方尤其看重这一点。这个指标体现的是公司在扣除大多数固定成本和可变费用之后的现金流情况。

除了现金流之外，它还能让收购方更深入地了解公司的盈利能力与费用之间的关系。实力强劲的买方在收购你的公司之后，也许可以重组财务和纳税结构，在公司实现同样收入的情况下创造出更为丰厚的利润。

总收入

总收入能显示进入公司的现金总额。收入状况不仅会给收购方一个真实、有形的数字，让他们可以对交易进行评估、验证，以及为交易融资，很多收购方还可以通过调整支撑收入的费用和成本结构，大大改善公司的盈利能力。他们能在此基础上增加的任何收入都是锦上添花。总收入的体量表明公司处于什么水平，以及什么样的收购方可能对其感兴趣。

毛利率

毛利率是个很能揭示真相的指标，即便在早期创业公司的财务预测中也是如此。这个数字非常能说明问题，它能直接揭示这家公司是否处在某个行业合适的领域，或者揭示出一些意料之外的重大问题。对于尚未实现收入的创业公司，预测的毛利率能直接反映创始人的发展方向是否正确，以及他们是否与行业脱节。

举个例子，如果你预测的毛利率是60%，而行业的毛利率通常很难保持在35%，那要么是你的公司打造了一款真正令人惊叹、有价值的产品，要么是你忽略了大量的费用支出。反过来，如果你预测的毛利率是35%，而行业的毛利率通常很难保持在35%，如果你的投资者和金融家预测的毛利率是35%，而其他投资者和金融人士的预期是至少60%，那么你的公司可能是哪里出问题了，你需要重新打磨你的创意。

销售量

你公司的产品卖出去了多少？产品是否已经被证明符合市场需求？如果每年售出数万件产品，是否仍是一家早期初创公司？或者是一家成熟的公司，每年售出产品数百万件？这不仅代表着收购方最好的类型和水平，以及早期预测的准确性，还表明了公司的潜力。

客户获取成本

这是评估初创公司最关键的指标之一。对企业来说，风险最大的因素之一就是客户获取成本。成本高不仅意味着利润率低和单位经济效益存疑，也预示着巨大的风险，尤其在现有渠道失效或成本进一步上升的情况下。对一些收购方来说，客户获取成本高的目标公司可能意味着收购的时机已经成熟。并购交易完成后，他们可以将你的产品纳入其基础设施和渠道，并大幅提升销售数量，而额外的客户获取成本几乎为零。

增长率

增长率是并购的主要推动力之一。那么，你公司的增长速度有多快？公司身处的阶段越早，对增长率的预期就越高。在最早期阶段，新设立的创业公司可能会每周报告一次增长情况；之后，每月报告一次；最终，更成熟的公司将按季度和年度进行跟踪和报告。公司未来还有多少增长空间也很重要。

债务权益比

债务权益比反映了公司真正的偿付能力，以及真正要收购的是什么权益。收购方和母公司可能会对债务进行重组，或者初创公司可能希望在收购之前偿还债务——如果把握不准收购方对贷款和信贷是否会产生疑问，那这么做尤其重要。公司当前的负债情况，还表明这家公司在偿还信贷方面做得是否足够好，对于杠杆收购方和私募股权收购方来说，这都是一个好指标。

为什么增长和运营的假设条件至关重要

增长预测和运营费用预测是公司估值及推动并购交易的一个重要部分。

基于当前的资产、收入、负债和可核实的财务记录，你公司目前的实际价值与掌握在合适的人手中 5 年后的价值存在巨大差异。

如果你获得的报价只是基于传统意义上对财务型买方有价值的东西，那么这份报价不会让你公司里的所有人都感到兴奋。不过，按照目前的发展轨迹，你可以按照一家独立公司或是一家新合并公司的一部分，来预测公司未来的发展，这样就有机会显著提升公司的价值。

对于现有股东、潜在收购方和创始人来说，这些数字之间的差距可以是天壤之别。对收购方来说，这些预测可以在未来价值和紧迫感方面造成巨大差异。他们可能无法按照公司 5 年后的价值给你支付并购对价。这是他们低价买入股份并实现回报的机会，最终的回报可能是因为他们带来的增值，也可能是你的公司在客户数量、市场份额、收入、现金流以及利润和回报方面实现了增长。

你可以大胆预测，大胆设想。保持乐观。要有远大的目标，展示所有可能性。

你只需确保所做出的重大声明和预测都是基于逻辑。要大胆预测，但要能用事实和数字来支持这些说法。

你的财务模型要以权威的研究为支撑。虽然对初创公司来说，财务预测可能比较粗糙和单薄，但仍然需要建立在坚实的假设基础之上，为公司的增长和运营成本提供依据。这一点至关重要，以下是三个主要原因。

假设条件是所有其他财务数据的基础

详细的基础假设条件应包括总体可触达市场和运营总支出（包括工资、销售产品成本）的增长数字。如果这些基本因素的假设存在严重缺陷，那么最终的计算结果与实际也将相去甚远。确保你可以找到权威的研究和统计数据，以支持你的假设。一定要考虑通货膨胀等变量，尤其是原材料、物流运输和工资等。

可信度

在融资的时候，你可能会因为激情、魅力、乐观和梦想远大而赢得一些分数，但在并购时，你的可信度取决于事实和你实际取得的成就。如果你只是凭空捏造了一些增长数据，那就不要指望别人会认真对待你的其他声明。如果你明显没有做好功课，没有核对过数据，可以预见，他们在尽职调查时会对其他所有事情加倍仔细。但是，如果他们向你提问及核实事实时，你能够用有力的数据来支持自己的假设，他们就会认为你在公司的其他方面也同样尽责。

基于财务表现的额外对价

仅仅凭借出色的预测，你就可以为战略型买方增加很多预期的价值。当然，他们通常想将很大一部分的并购额与你能否实现这个预测进行挂钩。你最终可能继续留任，负责在接下来的 3 年里兑现这些预测——至少如果你希望能得到另外一半并购额的话。你承诺的目标最好不要超过自己有信心实现的范围。

构建一份强有力的 5 年预测

在并购交易中，你的财务报告和演示文稿的一个核心部分，是你公司未来 5 年的财务预测。

根据情形的不同和收购方的不同，可能会将你作为一家独立公司，对其未来业绩进行预测，也可能会对你的公司及资产被收购方控制之后的发展状况进行预测，后者的潜力可能比你自己独立能够实现的目标大很多倍，即便你融到了更多资金。请务必就此事咨询你的并购顾问。为了有效地预测你们可以一起实现什么，你必须确保你理解收购方打算对你的公司做些什么，以及并购你公司的理由。否则，你将完全偏离基础，或者将公司以数亿或数十亿美元的价格卖掉。

通过财务建模，你可以识别代表成本节约的硬协同效应（hard synergies）和代表潜在收入增加的软协同效应（soft synergies）。可能还有其他因素，这取决于收购你公司的理由。你要展示如何实现他们的目标，更具体地说，你要展示与收购竞争对手相比，你如何帮助他们更高效、更有价值地实现目标。

5 年财务预测的基本内容可以在三张报表的模型中找到：

1. 损益表
2. 资产负债表
3. 现金流量表

你要将自己作为目标公司构建一套财务模型，还要从收购方的角度构建一套。

这些财务报表应该与你的基础假设挂钩，并且保持基础条件是动态的，这样就可以实时查看调整情况和各种备选方案，以免浪费时间或丧失机会。

如果你擅长 Excel，你就能快速和轻松地把数据整合在一起，然后跟团队一起审查和浏览。或者，你可以选择一个更先进的创业公司和并购专用的财务建模工具。

针对数字的预期问题

具备良好的展示能力和优秀的销售策略是很棒的，但前提是你也要准备好回答后续提问中的问题。

以下是你可能会遇到的一些常见问题：

- 当前的所有债务是否都可以偿还
- 是否需要承担任何社区或慈善义务
- 为了实现预测目标，你愿意用多少收购金额进行对赌
- 既然公司的数字如此之好，你为什么愿意出售
- 近期是否需要支付任何新的监管费用
- 这些财务报表是谁准备的
- 你的假设条件是如何得出的

初创公司的退出机制

了解公司的估值

你的公司值多少钱？收购方会如何给你的公司估值？

如果你留意一下媒体上的新闻，你会发现，几十亿美元的退出听起来像是一种新常态。那当然是一个值得追逐的里程碑，但实际上，截至我编写本书之时，创业公司退出时的平均估值为 2 亿美元左右。如果你以数百万美元的价格将公司卖掉了，这当然没什么好羞愧的。

你当然不想将自己、公司、投资人和团队低价出售，少卖（潜在的）数十亿美元。但你也不能报价太高，让慎重的收购方选择放弃，因为他们会觉得你的想法不切实际。

你可能对其他股东负有法律上的责任。你需要向他们展示如何对公司进行估值，什么样的估值水平是公平的，以及他们在什么时候拒绝掉一份收购要约可能是愚蠢、甚至是疯狂的。

因此，一家初创公司价值几何呢？

答案很简单：在任何特定的时间，有人愿意支付的任意价格。

初创公司估值是一门艺术，在给你的公司估值时，有人还可能会运用一些通用的数学公式。

影响公司价值的变量

以下这些变量可以用来计算公司的价值，以及你的期望和需求的并购报价。

- 当前市场和经济状况

- 收购方

- 收购方之间的竞争情况

- 支付方式（现金或股票）

- 并购协议的条款，包括基于财务表现的额外对价、股份兑现和离职等

- 最近几轮融资时公司的估值

- 围绕公司的业务所建立的护城河，还是缺乏护城河

- 你自身和资料的准备情况

- 你与潜在并购方之间关系的优势或劣势

- 新的并购方能对你的公司及公司的各个方面做些什么

你对自己的初创公司是如何定位的，公司出售的工作准备得怎么样，包括你的并购推销材料和故事的吸引力有多大，这些因素也会对你获得最优的退出价值产生重大影响。

公司估值的常用方法

对于已经实现了收入和利润的初创公司，估值相对而言更容易，可以采用几种传统的估值方法，尤其是针对财务型买方的收购。下面探讨了一些方法，你在给公司确定估值数字的时候可以选择。

你的数字

如果公司还有其他股东，那么你对他们就要承担法律上的责任。在他们没有参与的情况下，你不能将公司匆忙出售，或者在没有获得他们批准的情况下就拒绝一些不错的要约。

不过，你的内心也要有一个自己的数字。尽管获取外部建议总是合理的，但如果可以不用获得其他股东的批准，那你应该明确一个可以合理接受的数字。

对于首次创业的人来说，这并不意味着赢取并购彩票，并在第一次退出时就获得巨额财富。这可能意味着，你会拿着一笔能改变一生的现金离开，以后不用担心自己的财务状况。你不必担心破产、无家可归或者无法退休（如果你想退休的话）。你可能在寻找足够的机会为你的孩子和家庭做你想做的一切，并给他们创造机会。你可能想要一笔钱，能让你继续做其他项目，专注于你想解决的一些问题并做出改变，因为你能做到，而不是因为你需要钱。

基于所投入的所有时间、精力和金钱，你要确保自己真正得到一份足够好的回报——除非你真的需要尽快卖掉公司，不惜代价也要放弃公司。

利润倍数

公开市场交易的公司和成熟的公司通常是按利润的某个倍数进行交易。这是华尔街惯用的一种简便方法，也是对不同公司进行动态比较的默认方法。

应用这种方法的最大问题，是很多初创公司没有实现有意义的收入或净利润。即使你的公司实现了不错的收入或利润，这种估值方法也未必能真正揭示你公司的真正潜力，尤其是对一家能在一夜之间让你公司的收入实现成倍增长的战略收购方而言。

可比公司法

从表面上看，这可能是理解和计算起来最简单的方法之一。对于更小、更传统的公司来说，应用起来可能更简单，尤其是那些可能需要通过并购经纪人来宣传和出售的公司。

与评估一栋房子的价值类似，这种方法就是观察你公司所在领域中规模相当的其他类似公司的出售价格是多少。

比如，你所在的细分领域中有另一家与你财务数据相当的亚马逊商家，刚刚以 X 美元的价格出售了，那么你公司的价值也以 X 美元为基准，加上或减去一些调整额。这些调整额可能会考虑用户数量、近期类似公司的 IPO 情况等参数。

重置成本

让别人简单地复制一家跟你一样的公司要花多少钱？如果一家更大规模的公司想要获得你公司所拥有的所有东西，要花多少时间、资金来招聘，以及承担多少风险来复制并让公司达到同样的发展阶段呢？

理想情况下，收购你的公司是更便宜、更快速、风险最低的选择。

现金流折现法

这种方法依据公司在特定时间段或生命周期的潜在现金流量预测，考虑期望投资回报率（ROI），并根据风险因素进行折现。初创公司所处的阶段越早期，收购方所面临的风险就越高，获得的折现率也就越大。

其他估值方法

对公司进行估值的其他方法包括：

- 博克斯（Berkus）法（假设公司第五年实现特定收入，为特定的要素分配不同的价值，并确定整体价值及投资者的回报）

- 风险投资法（预测公司未来的收入，确定预估净利润的某个交易倍数，并为投资者提供期望的回报）
- 账面价值法（评估现有资产的有形价值）
- 记分卡法（基于多个因素对初创公司进行估值，包括团队实力、市场规模、销售渠道等）

如何对无收入的初创公司估值

有很多尚未产生收入的创业公司，甚至是一些每年亏损额达到惊人程度的公司被收购或实现上市。那么，有哪些估值方法可以专门应用于早期、无收入的创业公司呢？怎样才能提高公司的估值呢？

传统上，最理想的估值方法是基于 EBITDA。这个估值方法与收入相关，就像分红型上市公司的股票或租赁的物业都是采用这种估值方法。

当然，如果你一开始就没有把收入问题放在首位，那么你的新公司需要一段时间才会产生收入。但这并不意味着你不能获得一个大额的退出机会。

对那些尚未产生收入的初创公司，常用的估值方法包括博克斯法、风险投资法、记分卡法、风险因素汇总法和第一芝加哥（First Chicago）法。下面将简要介绍这些方法。

博克斯法

博克斯法是假设一家初创公司在第五年将产生 2000 万美元的收入，它给五个要素分别分配最多 50 万美元的价值。如果一家无收入的新公司估值为 250 万美元，投资者的回报几乎达到 10 倍。

估值对应的要素汇总如下：

- 创意
- 拥有原型
- 管理团队的实力
- 战略关系
- 已经推出产品或开始销售

风险投资法

这种方法首先预测公司未来的收入（比如 5 年后），根据行业基准，基于估计的净利润确定一个交易倍数，然后为投资者提供期望的回报。

记分卡法

这种估值方法是使用同一行业及地区、同一阶段的可比公司作为估值基准。

简而言之，从理论上讲，如果你的新公司与另一家刚刚估值为 1000 万美元的公司完全一样，那么你的新公司应该也值 1000 万美元。然后，记分卡法是根据以下因素调整目标公司的价值：

- 管理团队的实力
- 市场规模
- 产品 / 技术
- 竞争环境
- 营销和销售
- 对额外资本的需求
- 其他因素

风险因素汇总法

这种估值方法基于 12 个风险因素，根据每个因素从极高风险到极低风险进行评分（满分 5 分），进而增加或减少对应的价值：

- 潜在退出机会
- 声誉
- 国际化
- 诉讼
- 技术
- 竞争
- 融资
- 销售和营销
- 制造
- 法律
- 业务阶段
- 管理团队

第一芝加哥法

这种估值方法是将初创公司的未来价值建立在预测现金流的基础上，实际上也是一种现金流折现模型（如上所述）。此方法还会调整这些预测，考虑对最坏情况、基本情况和最佳情况进行平衡。

如何更快地提升公司估值

应用上述方法和计算之后，如果公司的潜在价值无法让你感到兴奋，你能做些什么呢？如何在退出前加速提升公司的估值呢？

改进推销技巧

一笔优异的退出，其艺术性往往要归结于创始人能够抛出一个伟大的愿景，通过精彩的展示，成功兜售一种未来的可能性。一旦用心去做，你可能会惊讶地发现，你的公司在合适的人手中能值多少钱。

产生收入

如果你觉得公司的不足或有限的收入将会成为阻碍你实现你想要和需要的退出，那就开始启动销售。

一旦你证明了公司产品的商业可行性和市场匹配度，你的初创公司就会进入一个全新的阶段。

另一条好的途径，是面向潜在收购方的客户做销售。一旦他们发现适合你的产品适合他们的客户，你就消除了大量的风险和不确定性，并大大提升了公司的价值。

完成原型或最小可行产品（MVP）

你可能拥有优秀的团队、技术和愿景，但如果没有拿出有形的产品，你就无法证明自己能带领公司跑完全程，释放公司的真正价值。不要对产品进行过度设计，而是要尽快面市。

打造团队

团队的质量本身，就可能是公司被收购的原因，是收购方认为公司最有价值的地方。招聘更好的高管、关键的团队负责人以及公司所在领域里最优秀的人才，会为你的公司带来很多好处。

通常情况下，当利益本身不是首要关注点时，以团队为关注重点的收购往往被称为人才收购。通常当收购方发现有机会通过引入一支已经组合好的团队来加快招聘过程，并将团队重新安排在其他用途时，人才收购就发生了。与逐个招聘员工不同，人才收购是同时招聘多组人员以加快人才入职速度的一个好方法。

正确定位你的初创公司

记住，并购时要关注的是收购方的看法。在融资时，你经常需要对公司进行重新定位，以匹配不同的投资人。

比如，你的公司可能是一家生物科技领域的初创公司，正在为女性做一些革命性的事情。对于某位投资人，你可以强调公司的技术；对另一位投资人，你可以强调科学；其他投资人可能对投资女性创业者或在影响力投资方面更有兴趣。

对收购方而言，情况也是如此。这样根据收购方的不同，你估值的对标就会有极大的不同。

估值与条款

估值有其作用，不过经验丰富的创始人会告诉你，如果能自由选择协议条款，他们更愿意让收购方来定价。

细节、条款和附加条款可能会在最终结果上造成巨大的差异，对于创始人来说尤其如此。

条款会列出一些重要的合作要素，比如股份类型、兑现条款、基于财务表现的额外收益以及交易的其他规则。事实上，有时较低的估值可能是首选，与更高估值相比反而能获得更多收益。

要知道什么样的估值是公平的、有吸引力的，但不要纠结于此。不要让估值的事情掩盖了背后真实的数据基础和条件。

为什么你从来不愿意披露估值

你要提前自己做审计、计算、估值和财务建模。你要提前知道，别人会如何根据这些不同的方法评估公司的价值。

首先，你要确保自己能得到一个对自己和股东而言都有意义、投资人也能接受的数字。其次，你也要确保自己没有被这些估值方法所利用，并且能够对它们进行中肯的评价。

但是，不要向潜在收购方或者公众披露这个估值或估值的范围。

如果交易保持私密状态，收购方可能不希望在新闻中公布交易价格。不要在收购完成之前破坏自己的交易。

也不要在谈判之前先举手。让收购方先推销他们的方案。他们给出的数字可能比你想要的多几亿甚至几十亿美元。

至于他们为什么需要你的公司，以及这笔交易的价值，他们可能有完全不同的看法。收购方可以在一夜之间给你的公司带来难以置信的价值。

避免毫无根据的高估值

如果你读过《创业融资的艺术》一书，或者在优秀顾问的帮助下完成过几轮融资，那你就知道，并不是估值越高越好。

如果你一开始就提出自己的极端估值要求，慎重的收购方可能会放弃，并直接去找你的竞争对手，只要他们认为其定价合理或至少没有脱离实际。

如果你最终从并购模式转向融资模式，那么过高的估值会让未来的事情变得更加棘手，甚至会在内部引发更多的问题。

如果一个惊人的估值数字背后没有真实可靠的数据依据，那这笔交易可能无法完成，实施的过程中迟早会有人叫停，他们对自己的投资者也负有法律责任。

也不要把公司的估值定得太低。无论这笔交易是否发生，估值都会影响你被其他公司收购的能力及能达成的条款。而这些对公司的整体增长和盈利能力至关重要。

虽然估值可能看起来很肤浅，但它对公司的吸引力和可信度会产生非常实际的影响。在招聘员工、聘用顾问、获得媒体关注、吸引其他投资人甚至是获取客户以及客户在产品或服务上的付费意愿等事情上，公司的估值都会产生重大影响。

初创公司的
退出机制

列出目标清单

为你的初创公司融资，关注最优秀的投资人，出售公司并对其进行定位，以及起草一份成功的推销文件，这些工作都围绕着如何考虑及确定一份理想的收购方清单，以获得最佳的结果。

有些创业者特别有天分，他们会持之以恒地打造新的创业公司，并从一开始就对公司按照能够被某家特定的收购方或收购方群体收购的模式规划。他们在设计及实施所有事情的时候，都会考虑退出问题。他们可以在很短的时间内进进出出，创造出巨大的价值和影响。

值得注意的是，这是罕见的例外情况，而不是通常的道路。大多数人都没有这种预见性和经验，大多数首次创业者不会提前考虑那么长远。通常，如果一位创业者雄心勃勃地想创建一家公司并高价出售，他在第一次尝试找收购方时（至少在进行种子阶段融资推介的时候）很难准确预测出谁最可能收购他的公司。

无论你在创业过程中的哪个阶段读到这个内容——是刚刚开始研究如何让你的第一家创业公司在市场中遥遥领先，还是正面临一个选择的岔路口，或者你正面临寻找退出机会的压力并在编写推销文件——列出一份潜在收购方清单是非常聪明和有价值的做法。

列出目标清单的重要性

花时间为你的公司列出一份潜在收购方清单为什么重要？公司不

是被别人收购而非被自己出售吗？如果已经有收购方主动表达兴趣了呢？如果投资银行家想在这个过程中提供帮助呢？

在上述所有情况下，列出一份目标清单仍然是非常有必要的。

你希望能够对公司进行优化，以吸引这些潜在的收购方，拿到最好的要约，拥有合适的筹码去出售公司，并得到竞争性出价，即使你出人意料地收到了一份绝好的要约。

下面就是花点时间列出目标清单的一些好处。

不疏远理想收购方

了解你的收购方，意味着他们不会烧钱，不会低估你公司的价值，不会事先在你们的团队之间制造敌意。也意味着你不会创造对他们来说没有附加价值的"资产"，这还意味着你不会在媒体上贬低他们。

节省时间

在公司的日常运营中，需要占用你时间的地方有很多。一旦你启动并购流程，占用时间的地方还会更多。

你最不应该做的事情，就是浪费时间跟不合适的收购方交流，甚至更糟糕的是，跟他们纠缠在一起，在双方不匹配的情况下泄露了敏感信息。

这跟融资不一样，你可能愿意跟 300 名潜在投资人交流，试图说服他们达成交易，尤其是在预期融资金额很大的情况下。你可能要将交流的范围限制在少数几家收购方身上，确保自己跟正确的人交流。

价格最大化

如果知道目标收购方是谁，那么你就可以根据他们的情况来规划公司及推销文件。你要注意展示的方式，突出你所拥有的东西以及对收购方的价值。你将如何降低风险，并向他们证明你的高价是合理的？

达成最佳条款

能够为你的公司制定一份目标清单，意味着你能够跟他们就更好的条款进行谈判，甚至让这些诉求变得显而易见，包括薪酬水平、创始人必须留任的时间等。

为团队带来最佳结果

如果你真正关心自己的团队，那么你也希望找到一家能为他们创造最好结果的收购方。这个结果可能是财务上的短期收益，公司里有意义的中期岗位角色，以及给他们安全和机会的长期一揽子措施。

使命和产品的最佳未来

瞄准收购方意味着你要知道谁才是真正最适合去执行你的使命、实现你的愿景、产生你想要的影响力的人，还有谁能够充分实现你的公司和你所创造的产品的价值。

并购流程的效率

一份精准的目标清单意味着整个并购流程的效率会更高，也意味着你不必转移团队的注意力、花费数小时甚至数月的时间来编写错误的材料或推进不必要的项目。

交易撮合工作的投资回报率

无论是工作时间、个人时间、佣金还是其他投资，更精准的目标清单意味着更高的总体投资回报率。

确定潜在收购方的方法

想要列出目标清单，你就需要在这个过程中了解你公司的需求，还需要知道在潜在收购方身上寻找的特质和标准。要确定谁有理由出现在目标清单上，可以考虑以下因素。

你为什么要卖出公司

哪些收购方最符合你的目标，并且应该在这次退出时优先考虑？无论是财务型还是战略型买方，哪 3~5 家公司最合适你？

哪种类型的收购方最合适

哪种类型的收购方最适合你公司所处的阶段，并且最有可能想收购你？哪些因素在影响着这些收购方？他们是大型战略买方还是财务买方或投资机构？还是其他的创业公司？

文化契合

哪家公司的企业文化与你最契合？这将是双方成功融合的关键，也是你的工作、你的团队的工作保持持续性的关键，甚至是安全渡过业绩承诺期的关键。

收购能力

要进入你的清单，他们必须有财务能力收购你的公司。他们有足够的现金或股权吗？如果需要融资收购，他们是否具备信用和人脉？

动机

谁有足够的动机和紧迫感来收购你的公司？跟投资人和客户一样，

企业收购方也不会主动发起这个流程，更不用说跟进了（因为这需要时间），除非他们真的有动机。

并购能力

谁有能力高效地完成交易？这些交易可能很复杂。有些机构拥有现成的流程和系统，并且已经完成过十几次的交易。而有些机构会将与你的此次交易作为他们的第一个实验品。

信任与价值一致

能力很重要，一份能满足你大部分诉求的要约也很有吸引力。不过，在交易完成前后，你相信谁会按照自己所说的话贯彻执行呢？你认为谁的价值观能引导他们做正确的事？

审查收购方是否合适

就像收购方要对你进行审查一样，你应该对他们做同样多的审查工作。这不仅是基本的商业意识——它还会让收购方明白，你真的很在乎将公司卖给谁，双方要互相匹配，你不是简单将公司卖给你能找到的第一个收购方。

研究

在这个过程中，你的团队可以做很多基础的研究工作。你公司的竞争性分析、SWOT 分析和融资材料中应该包含很多的线索，帮你发现该从哪里着手。

你可以很容易在网上找到你所在领域最活跃的收购方。此外，你还可以了解到最近有哪些公司进行了融资，并发现一些你可能不想与之合作的公司。

你可以用于研究的一些网络工具包括：

- Crunchbase
- PitchBook
- CB Insights
- Owler

并购专业人士

经纪人、投资银行家和顾问都可能掌握重要的内幕消息，他们也有可能做重要的推荐。本质上，这就是我们 Panthera 咨询公司所扮演的角色，以及我们提供的价值。

与其他人交流

在接受任何人的投资之前，与从投资人那里完成融资的创始人交流是明智之举，同样，与那些将公司卖给潜在收购方的创始人交流，也会非常有启发性。参与一场对话的过程也能说明不少问题。什么事情能起作用？什么事情不能？你对这个过程有什么期望？有什么是不必期待的？

要了解更多信息，你可以听听我的"交易撮合者"播客，在那里，很多创业者分享了他们的公司是如何以数百万美元（或数十亿美元）的价格被收购的。

记住，历史总是在重演。不要试图重新发明轮子。看看他们的哪些做法对你有用，然后从他们的经历中抽出一页，应用到自己前进的道路上。

建立个人关系

每个人都可能说一套做一套。任何人都可以暂时愚弄所有人，但没有人能一直愚弄所有人。

建立个人关系可以打开交易的大门，这些关系会让你对那些将要与之打交道的人和公司有全新的认识。这些关系也将成为一种黏合剂，让他们在交易完成之后以及交易过程中的所有艰难时刻保持诚实。

成为客户或供应商

很多业务关系最终会演变成更大的关系。通常情况下，你也可以通过这种方式找到战略收购方。

如果你的公司是他们的客户，或者是他们的供应商，你就有机会了解到他们的业务是如何开展的。你也能看清这家公司的实际运作情况，看清该公司如何兑现自己的承诺，以及其竞争力和效率如何——而这种层次的了解只有通过长期的合作才能做到。

成为合作伙伴

更进一步的一种方式，是跟不同的潜在收购方合作，这样可以真正了解对方，以及测试合并或收购后事情会如何发展。下面将更详细地探讨合作伙伴关系的能量。

通过合作伙伴关系来触发收购

与其他公司建立合作关系不仅是公司发展、试探潜在收购方的一种好方法，也是触发收购的绝佳工具，尤其是主动要约。（让收购方觉得这是他们自己的主意。）在这些情况下，从启动到整合的流程也会顺利得多。我见过一些价值数亿美元的收购交易在短短几天之内就完成了。

你应该跟谁合作？合理的做法是首先建立你的目标清单，然后选择合作伙伴。

在你公司的业务领域，谁在供应链上游、谁在下游，谁在同等位置，谁最终希望延伸自己在供应链、地理区域或技术与产品上的范围，怎样让他们认为收购你的公司是他们合乎逻辑的下一个步骤？

通过降低在投资、招聘团队、产品开发和公司拓展方面的风险，向他们展示收购的好处。

向他们展示，比起自己重新打造这些东西，收购你的公司要便宜、容易、快捷得多。通过建模，展示合作能带来的回报和增长。

与彼此竞争相比，他们持有你的公司结果要好得多。如果你跟他们的竞争对手合并会怎么样？

以下是一些需要考虑的伙伴关系类型：

- 交叉销售产品
- 捆绑服务
- 将你的技术授权给他们
- 团队、技术、场所和设备合并使用
- 共同打造新产品
- 合作开展营销计划和活动
- 合资投资
- 含期限的独家推荐协议

如何与感兴趣的相关方联系

有了潜在收购方的目标清单后，你打算如何与他们取得联系呢？

图 8-1 概括了如何与感兴趣的相关方进行联系的几种方法。

图 8-1　如何与感兴趣的相关方联系

下面将详细地介绍这些方法。

介绍和推荐

介绍和推荐仍然是约见别人最好的方式。当涉及重大利益关系，而信任和信誉是双方进行交流、并且对方会认真对待的决定性因素时，尤其如此。

根据公司的规模，你可能要跟几个相关方沟通，也需要采取多种途径。通常来说，你能交流的人层次越高越好。跟你交流的人可能是执行团队、创始人或 CEO。他可能是在董事会担任董事的一位投资人，对公司非常了解，也有动力去寻找退出机会。他也可能是某位专职的收购团队成员。

谁认识那些你需要联系的人，谁跟他们有关系？谁的名片夹里有这些人的名字？

社交活动

个人的社交活动是建立直接联系的一个好方法，包括专业和有组织的社交活动。（如果要找有合适的参会者名单的活动，你甚至可以主办一场。）

非正式的社交活动也是一种选择。这些人不在办公室的时候会去哪里闲逛？你是否会在休闲娱乐场所看到他们？他们有最喜欢的滑雪场、独家酒店、码头或游艇展吗？如果有的话，你一定要去那里。

陌生邮件

在商业领域，电子邮件显然比电话更容易联系。电子邮件仍然是商业人士首选的专业沟通方式，在融资时管用，在并购时也管用。

你还可以尝试其他陌生接触的方式，包括 LinkedIn 和 Twitter。

永远不要低估社交媒体的力量。我有一个朋友以 1.5 亿美元的价格卖掉了他的公司，这件事的源头，是他在 LinkedIn 上收到了收购方发来的一条陌生信息。

主动引起注意

通过引起对方的注意，你可以一次完成两个目标。利用这种注意来引起他们的关注，激发他们收购你公司的动机和兴趣。

利用媒体宣传你的公司正在做什么、获得了什么市场影响力。发布报告和文章，分析你所在行业的下一步发展，并激发感兴趣的人采取行动。

如果你已经万事俱备，那就继续推动公司的 IPO 或下一轮融资，但这种对话通常会发展成收购你的公司。

举个例子，我在"交易撮合者"播客上采访了乔蒂·班萨尔（Jyoti Bansal）。他的初创公司 AppDynamics 在上市后几个小时之内就宣布了收购消息，思科最终的收购价格为 37 亿美元。

在乔蒂的案例中，IPO 让思科非常担心会错过机会，他们最终支付了对价，让这家公司离开了原来的轨道。这是一个绝佳的时机，AppDynamics 团队的执行者也非常出色。

按清单上相反的顺序联系

按照清单上相反的顺序，从后往前联系。先联系清单上的最后一位潜在收购方。把最不理想的收购方也列在你的清单上。

这种策略有两大好处。首先，你可以多听多学，了解谈判桌另一边的人的需求是什么。这样，当你与那些排在前面的潜在收购方交流时，你的推销材料、演示和回答就会得到显著的改善。

其次，每一次的会面，都可以转变为给清单上的其他人做推荐和介绍，或者是跟你可能忽略的人的会面。

使用经纪人

根据你公司的规模和预期的退出情况，有不同类型的交易撮合者和经纪人可以提供帮助，包括律师、商业经纪人、投资银行家和并购顾问等。跟他们见面，看看他们能如何帮助你，以及他们能提供什么价值。

联系的黄金法则

几乎在所有这些情况下，都不是举手示意或举着待售大招牌那么简单。你希望收购行为是他们的主意。你可以向他们寻求建议，希望有机会大家一起工作，或者以某种方式为他们增加价值。

要记住，在跟对方谈论公司收购事宜时，他们应该是采取第一步行动的人。

初创公司的退出机制

09

与收购方的沟通过程

与你公司的潜在收购方沟通，最好的做法是什么？如何将这些交流进行到底，或者至少进入下一阶段，到真正的谈判及达成交易的程度？

这可能是一个非常微妙的过程，在涉及要约和谈判时，每个字都很重要。在这个阶段，你或许会彻底错失大好机会，也可以创造出非常好的结果。

这个阶段要做的，是谨慎培养潜在收购方对并购交易的兴趣，确保你在跟合适的人进行交流，确定潜在收购方的真实动机，及如何对交易进行定位以获得结果的最大化。

责任与义务

在创业的这个阶段，这些交流和交易不再仅仅是你个人的财务问题。

作为股东，你当然有发言权和投票权，也有机会通过谈判为自己获得一个公平而有吸引力的退出方案。

但是，如果你有联合创始人、股权投资人、债权人以及其他持有期权的人，问题的关键在于要考虑他们，以及公司自身的健康和收益。

你可能要承担重大的法律责任，包括对所犯的错误、疏忽以及未能按照你的信托义务行事要承担的法律责任。

即使没有其他合法股东，你也对自己的员工、客户以及支持你使命的其他支持者负有责任。你想让他们和你的公司获得最好的结果，即便在不久的将来你要后退一步。

只要记住这些事情，每一次沟通在某种程度上都是重要的。

如何处理沟通

如何处理与并购有关的交流，公司的法律顾问会给你提供一些建议。你可能也会向自己的私人律师和公司律师征求建议。

在某些情况下，他们可能会告诉你，当没有达成法律协议时，电话交流也是很好的。

只要交流没有被录音，各方就不能用任何不利于你的东西来针对你，也不能声称你答应了某项交易或某些条款。（当然，你也不想因为自己没有说的话而受到指责。）

电子邮件提供了一个清晰的书面记录，让各方都需承担责任，这一点有利有弊。

在讨论任何实质性的交易、条款或者陈述数据和事实时，一定要注意法律方面的问题。

含糊其辞的交流也可以，但是要把所有需要纸面决策的工作推给法务团队，并且只有在数据可以核实时，才提供可靠的回答。

衡量初始的兴趣

你如何衡量潜在收购方的初始兴趣？

主动打来的电话目的很明显。如果你的公司在做正确的事情，并且也考虑到退出，电话就会到来。一开始你可能不会把这些电话当回事。你可能认为这通电话就是一个恶作剧，然后挂断。没关系。

我在"交易撮合者"播客中采访过雷·雷迪（Ray Reddy），他谈到自己收到一封来自谷歌的随机电子邮件，最初看起来像是一封垃圾邮件，但最终促成了一笔价值数百万美元的收购。

如果潜在收购方是认真的，他们会回电话的。但你不要把他们的主动联络视为理所当然。（但是，不止一次，创业者在拒绝了第一份要约之后收获了后续金额大得多的要约。）

实际上，这取决于你公司的地位有多高，你对其他人负有多大的法律责任，以及你愿意在多大程度上押注他们会回来，而不是去收购你的竞争对手。

你甚至可以将一份主动发送的普通要约或对话，变成向别人推销及拍卖你的公司。

如果你没有收到任何陌生的主动兴趣，那么你要留意公司的营销、公关对话，以及正在做的任何融资推介和销售的回应。

在其他情况下，这种交流中可能会随意抛出一些关于收购或合并的看法。不要置之不理，如果你跟进，可能会有一些事情发生。

如果你在跟其他公司的高管交流，或者在做产品演示，突然之间冒出了"战略合作伙伴"这个话题，千万别让它溜走。

如果他们拿收购或合并开玩笑，你可以在他们的脑子里激发出这样的思路。"哦，是吗？那会是什么样子？"或者诱惑他们，说"只要你能付得起价"或者"有人可能会收购我们，尤其在做到 X 的时候。"

最重要的是，在这些交流中，你要确保自己吸引了合适类型的潜在收购方。对方有合适的动机，是真正对交易感兴趣的人，而不仅是榨取信息或者分散你的注意力。

衡量这种初始兴趣，关键要看他们派谁来跟你交流，以及在达成交易时是否存在明显的协同效应或利益一致性，而不是妨碍你公司的发展。

确定跟进行动

如果你曾收到过模糊的主动收购兴趣、真正的询问，或者你挑起了跟合作公司高管之间的一些交流，又或者在推销之后你公司的资料引起了对方的兴趣，后续的跟进是关键。

这跟其他销售情况非常类似，特别是销售奢侈品或者出售公司。买卖一家公司并不像去你最喜欢的免下车咖啡连锁店买一杯咖啡，或是把你的产品放到亚马逊网站上，比买卖一辆新车或一栋房子更复杂一些。

这不仅需要时间，还需要多次的跟进。大家常说，完成一家公司的出售平均需要 7 次"接触"。这就是为什么你会看到大量的营销电子邮件、自动回复短信、垃圾邮件和社交媒体广告，以及不断看到相同的 YouTube、电视和广播广告。

伴随着各种各样的噪音和不断变化的客户行为，在很多情况下，完成一次交易可能需要 11 次甚至更多次的接触和洽谈。

重要的是要理解，确定后续行动并不只是让你去跟进。你需要注意，客户自身最终必须经历很多阶段。你可以帮助他们做其中一些事情，无论是直接的还是间接的帮助，但他们自己也想要或者也需要做一些事情。了解客户的流程，将有助于你跟进他们的进展。下面将介绍客户需要经历的各个阶段。

认知与发现

为了收购，潜在收购方必须发现你，并且对你公司有所认知。他们必须知道你的公司和产品的存在。然后，他们必须意识到可能存在交易的潜力或机会，并确认他们有能力收购你的公司。

学习

跟决定任何新的投资或在市场上购买新东西一样，你要对目标有更多的了解。你要观察他们，打听他们的情况，向他们提出问题，调查周围的市场和技术情况。

考虑

如果他们通过考查发现了公司的潜在价值，而且他们仍然喜欢你的公司，无论作为一家公司或是一笔投资，在这个阶段，他们会真正开始考虑是否应该收购，如何融资，以及并购之后会是什么样子。他们还会权衡利弊、风险和价值潜力。

比较

在某件事情上花费过高或者买了一个哑弹，没有人愿意面对这种尴尬，对吧？现在大多数人甚至在购买咖啡、酒店住宿、午餐或者牙刷时都先在网上做比较。如果不做同样多的研究，谁会做一笔 8 位数、9 位数、10 位数甚至 11 位数的投资呢？在这个领域，还有哪些公司可以被收购？他们的评价如何？价格和价值如何？

信任

在收购完成之前，他们与你之间必须建立一定程度的信任。在这个层次的游戏中，信任不仅局限于你的技术或业务运营，还包括你所领导的团队和那些处理并购流程的人。

尽职调查

你要信任对方，但也要验证。不管他们有多兴奋，也必须核实所有的事情。首先要完成一些软性的尽职调查，在达成初步的交易意向并签署一份收购意向书之后，再进行更详尽的核查工作。

谈判

即便他们已经做出了想要收购的心理决定，他们仍然希望确保所达成的交易和条款对他们是有吸引力的。

除非你手上拿到一份收购意向书，其中列出了完成交易的建议条款，否则你们双方仍然只是在打情骂俏或者他们只是在跟你约会。你还没有戴上结婚戒指。

那么，你如何跟进，并让这种类型的收购方完成客户成交之旅，提出报价？

这个旅程有几条路可走。走哪条路很大程度上取决于收购是收购方的主动兴趣，还是通过你的努力激发出的兴趣，你是自己在推动这件事，还是从一开始就聘请了投资银行家或经纪人。另外，还要看收购方是谁、其公司规模有多大（是初创公司还是《财富》500强公司）以及你们之前的关系。

假设你是亲自处理大部分的跟进行动，可以采取如下一些方法。

1）电子邮件　通过电子邮件跟进有多种方法。如果你跟一些真正的交易撮合者有私人联系，不妨偶尔跟他们联系一下，重新引发他们探讨并购事宜。

你也可以利用邮件广告，让广告出现在他们的收件箱里，让他们能记住你。这样做能突出你的公司，使之持续成为他们应该纳入旗下的资产。

电子邮件新闻更新的功能也很强大。把他们加入最匹配的发送名单中，如果这些人已经是你公司的投资人了，那就用这种方法。

你创建的公司新闻简报，可能还希望发送给公司所在领域的供应商、合作伙伴和其他人。在新闻简报中，很容易提供一些运营指标、公司新闻和行业新闻等信息，让他们看后觉得应该启动更深入交流，而且越快越好。

2）社交媒体更新　电子邮件的方法大多也适用于社交媒体。你可以优先考虑公共社交媒体的更新，持续宣传，将你的公司塑造成有吸引力的收购对象。发布一些重要的数据、新的合作与合同，以及即将实现的发展情况。

你也可以在他们可能参与的私有社交媒体组中发布更多与公司相关的内容更新。

或者，你也可以利用社交媒体来真正做一些社交，与潜在收购方公司里的人进行交流，保持交流的连续性。给他们发私信，给他们的帖子点赞，向他们提出问题。

3）电话交流　如果你们都是那种会接电话的人，那么打电话跟主要联系人或决策者打个招呼当然没有什么坏处。在并购事务上，决策者通常是 CEO、企业发展负责人、业务发展负责人或与你公司有直接协同效应的部门的负责人。

你可以直接问这个人，关于收购他 / 她是否有更多的想法。或者，你可以提出一个新的想法来测试双方的合作或协作关系。

你可以表现得更微妙和模棱两可，并就未来的决定向他们寻求建议。或者，你可以试着找一次机会，让双方再发展进一步的个人关系。

也许你正在主持一个活动，也许你想找人推荐一家餐厅，或者你有一张多余的比赛门票，都是很好的机会。

4）**会议** 并购交易通常是多次会议的最终结果，其中大多数会议通常都是面对面的。

不管要花多少差旅时间和成本，召开一系列低层会议来探讨这个想法，并展示你的并购推销文件并没有坏处。

事实上，尽管网络会议确实缺少一些我们过去所拥有的、奢侈的交流氛围，但虚拟会议对各方来说，都要高效和节省得多。

这一点很重要：当你跟进的时候，不要狂轰滥炸，而是始终想着增加公司的价值。

寻找决策者

跟任何类型的销售一样，除非是跟决策者打交道，否则你通常只是在浪费时间。

考虑一下在经典的购买场景中，在推销演示时忽略关键决策者，几乎注定会导致失败。

这类事并不新鲜。稍微有点年纪的人还记得那些打陌生电话或挨家挨户推销的日子，可能还记得销售人员会问他们的父母是否在家。原因何在？因为家里的孩子没有权力做决定。他们没有父母手上的支票本，也不能决定是否购买吸尘器或者保险。

无论是卖汽车、卖房子还是抵押贷款，销售人员希望在所有决策者都在场的情况下进行对话。

首先，这能让他们更好地解读自己的推销材料，并进行适当的调整；其次，除非能在推销结束的时候当场做决定，否则只是浪费时间。

如果一个人去找汽车经销商，他对最新款的跑车非常兴奋，但妻子给他的预算很紧，并且坚持让他买一辆价格合理的小型货车，那接待他的销售员就是在浪费时间。

当妻子进入展厅之后，整个过程将不得不从头开始。购买或投资房子也是如此，所有买方都必须同意，并签署一份法律合同。

在并购交易中，有各种各样的人可能会严重影响最终决定的推进过程。

他们可能并非都拥有最终的决定权，或者拥有改变游戏规则的投票权，但他们的参与可以左右游戏的成败，或者至少是提供帮助而不是伤害。你在决策链上走得越远，越能说服真正的交易撮合者，所有问题就越容易解决。

高层管理者（C级高管）

除了公司的主要股东，高层管理者真正掌握了公司的决策权。

如果创始人和管理层都很聪明，给自己配备了优秀的、利益一致的董事会和一批投资人，而且他们彼此之间的关系也很好，那么只要你能赢得高层管理者的认可，就可以轻松通过决策投票了。

可以想象，如果史蒂夫·乔布斯喜欢你，而且非常了解你，如果他告诉自己的团队他希望收购并整合你的公司，这笔交易就很可能达成。

企业发展部门

大公司通常有专门的企业发展部门。

这个部门的工作就是每天出去寻找项目。你很可能首先会收到来自这个部门的电子邮件或电话。

这可能是该部门自己的想法，或在某些情况下，是某位更高层管理者所指出的方向。该部门的工作是开展调研、约见会面，看看彼此之间是否匹配。

顾问

内部和外部顾问也会对并购产生重大影响。创始人和 CEO 们应该会听取其顾问的指导。如果你打动了这些影响者，这可能是一条通往真正决策者及快速达成交易的绝佳途径。

交易负责人

在交易开始之前、交易期间以及交易完成之后，收购方通常会指派专人牵头负责具体的工作。这个人可能没有 CEO、CFO 和顾问的重大决策权，但如果他不喜欢你或看不到这笔交易的吸引力所在，交易肯定会面临流产。

业务部门负责人

一旦你的公司被收购，它将被并入收购方的业务单元之一。业务部门的负责人有时不知道这笔正在进行的交易，或者在其中几乎没有发言权。但是，在极大程度上（如果不是完全）他们将会决定你公司在交易完成后的结局。

收购完成后，你要与业务部门负责人保持良好的沟通，因为你需要他们步入正轨，以确保双方的成功整合。否则，整个收购可能以失败告终，甚至作为收购一部分，你和你的团队按约定获得的潜在激励措施也会面临危险。

退出机制 初创公司的

10

—————

为首次成功会议做准备

在你发起或接受了与潜在并购方的交流之后，下一步就是安排第一次成功的会议。

此时，你已经明确了理想的目标收购方，或者通过评估那些抛来的橄榄枝，确定他们与公司是匹配的。你已经核实了他们的兴趣，精心地予以跟进，准备了一份有吸引力的推销材料，并确保你跟能做决策的真正交易撮合者建立了直接的沟通渠道。

现在是时候安排和准备一次真正的会议了，来探讨这笔潜在的并购交易。这次关键的会议可以决定交易的成败。

如果事情进展顺利，他们找到协同效应，并且喜欢你，未来的一些瑕疵和问题可以继续存在并被原谅。如果第一次会议没有处理好，就不太可能有第二次了。即使有了第二次会议，你也已经处于守势，处于不利的地位。

这里的成功在很大程度上取决于你的准备和计划。这意味着你要准备好合适的材料和数据，保持正确的心态，并且理解谈判桌另一边人的想法。你要知道他们关注的问题和对应的答案。

你要知道如何掌控一场流畅的会议，并在谈判中占据上风。你还要知道如何结束会议。

不要错过机会。不要因为你还没有真正做好准备，就匆匆忙忙地把一次并购机会浪费掉。

寻找收购方的战略路线图

了解自己很重要。你必须从一个普通人、一位创业者和领导者的角度了解自己，你还需要充分了解你的公司、团队和你在市场中的地位。

要了解自己的优势、劣势、威胁和机会，这些是决定你未来愿意接受的交易类型以及希望与哪个收购方进行交易的因素。

在这种情况下，更重要的是你必须了解收购方。你对收购方公司及其所有参与者的了解越多，你就越有可能拿到并购意向书，获得更高的估值，并推动交易得以完成。

成功的退出不是偶然的。有些人可能把他们公司的成功归功于运气，但这个阶段的"运气"是你自己创造的，你的准备工作让你遇到了机会，而交易的艺术和最终结果在很大程度上取决于各种琐碎的细节和谈判策略。

当然，除非你只想把自己未来的全部、公司和团队的未来，任由过分挑剔的收购方随心所欲地摆布。

初次会面时，每个细节都很重要。不要因为思考这些问题而给自己太大的压力，但也不要因为忽视了那些会影响结果的事情而导致失败。

你必须了解收购方

要了解收购方的战略路线图，首先要了解收购方。因为公司是由人构成的，这就意味着你要从公司层面和个人层面理解他们的思考。

在上一步中（了解并购交易中涉及的决策者和参与者），你应该已经开始确定特定公司中所涉及交易的具体的人。

如果你的收购方清单非常紧凑，并在落实一次实际的会面，那你就要知道这些人的名字，并尽可能多地了解他们。你在谈判中获得的每一个优势都会有所帮助。

这有助于避免短视的批评者破坏交易，将交易流程变得困难，或者并购条款设计得不够友好。

你需要了解收购方公司的高管、董事会成员、主要股东、关键团队成员和联合创始人、相关部门负责人、交易协调人员、顾问、投资银行家、律师和企业发展负责人。

对这些人的粗浅研究就可以发现很多要点。只要看看他们的基本情况和简历，再看看他们在 LinkedIn、Twitter 和 Instagram 上的个人资料，你能发现的东西会比想象的要多。通过这些方法，可以了解他们的世界观、激情和挫折、背后的故事和经历、他们的人脉网络中你可能认识的人，甚至他们喜欢的颜色、爱吃的饭和他们在看什么书。

你还可能发现与他们个人策略相关的信息。在促成一次会面和设计演示文件时，这些都是可以考虑的因素。你可以更好地与他们保持联系，并以一种既能吸引公司层面的关注、又能吸引他们个人兴趣的方式规划收购的机会。

收购方战略路线图的重要性

了解收购方及其公司的战略路线图对于以正确的方式将双方联系起来至关重要。战略路线图适用于这次特定交易和你的公司在过渡期和过渡期之后，以及公司整体的短期、中期和长期发展。

理解这一点对你来说至关重要，以利于你去核实对方的情况以及最大化预期的价值。同时，这也有助于你更好地预测并购流程的进展，以及预计完成的进度。

具体来说，它还有助于你完成以下事项：

- 了解他们要寻找的目标，并让他们认识到你能独家提供的东西
- 决定如何管理阶段性的信息

- 保持合适的进展势头

- 在收购方容忍度和需求范畴内实现"风险 – 回报"平衡

- 确保自己有竞争性的定位

- 建立协同性

- 当前的可选性

- 强调你是成功整合的最佳选择

如何深入了解收购方的战略路线图

提问是一个好的开始。可以从最初的一线联系人开始提问。收购方为什么对收购你的公司感兴趣？公司计划如何对团队进行游说以推动该交易？收购方如何将你的公司融入其当前的战略计划、目标和需求？

深入挖掘数据。这家公司一直在做什么？经营情况如何？或者，它面临哪些挑战以至于需要收购你的公司才能克服？谁的建议会对公司产生影响？公司已经公开的策略是什么？

也要问问其他人。他们对这家公司的战略了解多少？公司的哪些信息可能被你忽略或误解了？在讨论和实施并购交易时，公司对自己声誉的了解有多少？

曾经和你一样与这家公司坐在谈判桌两边的人，有哪些你可以与之交流？在并购的流程中，这些人的策略是什么？如果交易最终达成，那么随后那家被并购的初创公司后来是什么情况？收购方是否贯彻了自己所承诺的，还是事情的发展是朝着另一个方向？如果交易没有完成，原因何在？出了什么问题？

不要只看收购方在说什么，还要看看他们在做什么。收购方如何对你的公司估值？谁参与了这个流程和交流，以及其他的沟通（从中你能发现收购方的意图）？

收购方是否谈到你团队的未来，以及公司是否计划使用现金、股票或融资来支付款项，这说明了什么？你对整合公司的建议有什么反应？

总之，了解收购方的策略可以帮助你更好地展示自己的价值，从而让这笔交易成为收购方的当务之急。

商定会议地点

当你第一次真正跟收购方讨论收购你的公司时，应该在哪里与他们召开会议？

你们召开会议的地点可能会影响会议的结果以及后续的会面。在确定或同意他们的请求之前，你需要考虑哪些因素？你的选择会如何影响你的优势和劣势，以及最终的结果？

谁将参加会议

谁将参加这次会议？这可能是你必须考虑的一个因素。

你这一方谁会参加？他们都是本地人吗？他们是在同一时区工作吗？让他们都出现在会场或在不同的地方参加会议，你需要花多少钱？

如果你给律师每小时支付 500 美元，给高管每小时支付 200 美元，然后让他们飞到硅谷、纽约或伦敦，用一个长周末的时间参加这个会议（这是众多会议中的第一个），那么这两块费用加起来会相当多。

不要在交易的探讨阶段就把自己搞破产，也不要给自己造成太大的财务压力，以至于最后不得不以半价卖掉公司。

如果参与会议的所有人都在同一个城市，那么在自己的主场举办会议在财务和时间上就更有意义。

当然，另一方也可能会提出同样的要求。最后的结果可能要看谁更需要做成这笔交易。

主场比赛与情报收集

如果钱和时间对你来说没有障碍，可以忽略不计，那么在哪里召开会议，可能取决于你觉得哪里有最好的战略优势。

在体育比赛中，通常认为主队具有明显的主场优势。而且优势很大，以至于很多体育比赛都制定了特定的规则，以确保比赛轮流场地进行，重要的比赛在中立的体育场举行。在某些情况下，得分规则甚至可能不同。

数据似乎证明了这一点。在2018-2019赛季的英超足球联赛中，利物浦队100%的输球都是在客场。在2018-2019赛季的NBA篮球联赛中，主队的胜率是71%，客队的胜率只有29%。

主场优势的原因有很多，大多都是心理上的。科学家甚至发现，在主场参加体育赛事的运动员体内的化学物质和激素的变化，超过了日常的常规训练。

精力和作息方式可能是其中很大一部分原因。在自己的主场召开会议意味着你可以睡在自己的床上，按照自己的习惯起床，并确保能喝一杯好咖啡。你的作息习惯是在自己的时区，你的比赛状态最佳。

如果你要赶到半个地球之外的地方参加会议，就要在超狭小的航班座位上睡觉，然后租来的汽车在沙漠中抛锚后，还要骑骆驼走完最后的25英里，那么情况就完全不同了。

在主场，你可以控制周围环境的一切。无论是会场布置的色彩，还是食物和饮料，无论是温度、照明、演示设备，还是资料的备份和技术支持，都是如此。你甚至对相关参与者的态度，以及谁与你的访客互动都有话语权。你可以策划一切。

综上所述，收购方在自己的主场也有其独特的优势。

因此，你需要做一些侦察和情报收集工作。在交易中，你要利用这个独特的机会，而且越早越好。

在这个过程中，你可以认识收购方公司更多的团队成员和玩家。你可以窥视一下收购方公司的内部运作，看看是否真的有你自己和你的团队的位置。你会看到他们自然的状态，从中可以发现的事情远远超过你在网上能找到的。

这是一个机会，你可以从整个谈判过程的一开始就收集各种有用的线索和数据，你可以看看他们如何相处、如何花钱。他们桌子上的照片会告诉你对他们来说最重要的是什么，你甚至可能会在晚饭后去他们家坐坐。你可以深入了解他们的世界观、影响力和观点。

面对面会议与虚拟会议

尽管虚拟会议给你带来的信息可能较少，但其效率却远高于环游世界去面谈。虚拟会议可能欠缺面对面的联系，但你可能别无选择。在可能的情况下，如果花费合理，面对面的会议能给你带来实实在在的好处。

但是，如果你以后不打算亲自参与其中，或者未来所有的交流都会是虚拟的，那为什么不从虚拟会议开始呢？

虚拟会议并不意味着你的准备工作可以松懈。在这些情况下，深入的准备工作可能更为重要。要有心理上的准备，并保持良好的状态。

在召开会议的地方准备良好的互联网连接或电话连接，以及至少一套或两套备份连接和设备，另外还要准备第二和第三选择。（只有在你想要进行真正重要的对话时，令人抓狂的技术难题才会出现。）

无论你选择使用哪款应用程序，都要有能静音和暂停以及方便使用的屏幕共享功能。你可以选择 Zoom、Google 会议、WhatsApp、Skype 和 FaceTime。

设置会议议程

会议前应该设置议程，而且议程安排应该比较紧凑。

参加会议的每个人都很忙，他们的时间很宝贵。设置一个紧凑的时间框架可以保持讨论的重点和进展，也避免开会时无聊。

实际上，在会议之前，你会尽可能多地与对方分享你觉得合适的内容，包括既定的议程，这样一来，所有的会议时间都可以用来提高效率和推动进度。如果你们交流得很好，愿意的话，你们可以出去喝一杯、共进晚餐，或者花几个小时互相了解一下，展望一下未来的可能性。

可以将议程设置得简短明了一些：

- 介绍
- 收购方演示
- 卖方演示
- 问答环节
- 总结回顾
- 制定后续步骤

跟进电子邮件，让他们感受到热度

希望在结束本次会议时，你们已经对下一步行动做出承诺，并设置了截止日期。如果没有做到，那可能是你这边的推销能力不足，或者是他们那边的人缺乏兴趣，认为你的公司不是特别合适。

不管是哪种情况，让他们感受到热度、在他们的头脑中留下印象以及通过后续邮件推动事情的进展，都是值得的。不要失望，而要坚持。

以下是一些需要跟进的重要事项：

- 提供额外数据或信息
- 公司的最新进展
- 感谢对方参与会议及付出时间
- 在向顾问咨询后提出相关问题
- 宣布公司实现的新发展或里程碑
- 告知他们其他方表达了收购兴趣

了解如何解决问题

所有经验丰富的收购方都应该有问题、保留意见和顾虑，只要他们经营公司的时间足够长，并且已经完成过几笔这样的交易。如果他们没有问题，那他们可能就不是那种你真的愿意把自己的公司交到他们手中的收购方。

一定要按照承诺采取后续行动，提供额外的数据和信息。

如果你觉得他们在采取观望态度，不要指望他们会一直关注你的一举一动。制造一些动静，让他们了解你的吸引力，给他们发一份相关的新闻链接。

有些情况下，他们可能不会表达自己的关切。有一位匿名的创业者会谈之后没有收到苹果公司的收购要约。后来，史蒂夫·乔布斯说，他们认为卖方可能不愿意搬到加州。但卖方并没有对此跟进询问。预测问题和异议是你的工作，并且你要在双方第一次召开会议时主动解决这些问题。

收购方可能会问你的问题

当你出席这些会议时，要尽可能做好准备。以下部分探讨了你要做好准备去回答的问题。

市场

你必须能够准确地解释你如何切入现有的和新兴的市场。

- 市场机会有多大
- 你希望获得多大的市场份额
- 谁是你最好的客户
- 需要多长时间实现
- 你的公关策略是什么
- 你最渴望成为什么样的人
- 你最不想成为什么样的人
- 为什么现在是推出此产品或服务的合适时机
- 你的营销策略是什么

吸引力

收购方肯定想知道你目前和预期的全部业绩。

- 到目前为止，你收到了多少反馈
- 根据这些反馈，你做了哪些改变
- 你真正的用户有多少

- 用户的平均停留时间是多少
- 你的实际销售额是多少
- 公司的年增长率是多少
- 公司的总体增长率是多少
- 是否是直线且稳定的增长
- 阻碍公司增长的因素是什么
- 你现在能提供产品或服务的演示吗

团队

当然，收购方要了解你团队的所有情况。

- 公司的总部在哪里
- 创始人有哪些
- 谁是核心的团队成员
- 你现在有董事会成员吗
- 有哪些关键角色是需要尽快招聘的
- 你在这个行业有什么经验
- 你创业的动机是什么
- 有没有其他人声称你的创意是他们的或者他们有贡献

竞争

了解谁是你的竞争对手，以及你跟他们之间有哪些相同点和不同点，这对收购方来说是一项既得利益。

- 你的竞争对手是谁
- 与竞争对手相比，你的优势和劣势是什么
- 你的不足或缺点是什么

- 你的进入壁垒或规模化的障碍是什么

- 让客户失望之处在哪里

- 为什么你的竞争对手还没有这样做

- 你们的特征有什么不同

- 你们的价格对比如何

- 你们的服务对比如何

- 你们的客户满意度对比如何

财务

你要么了解公司的财务信息，要么让财务信息能够迅速、简便获得。

- 你如何营销你的产品或服务

- 你的营销预算是多少

- 你的单客户获取成本是多少

- 你的客户终身价值是多少

- 过去完成了多少股权融资和债权融资

- 谁参与了公司之前的几轮融资

- 你每个月的资金消耗率是多少

- 公司实现盈利需要多长时间

- 你团队关注的关键指标是什么

- 公司已经授予了多少股票期权

- 股权分配情况如何

知识产权

收购方感兴趣的一个核心要素是你公司的知识产权，以及所有相关的法律和监管事宜。

- 公司有什么独特之处
- 公司能解决什么大问题
- 你认为有哪些法律风险
- 你是否了解任何的产品责任风险
- 哪些监管风险可能影响业务
- 你拥有哪些知识产权
- 公司所拥有的知识产权是由谁开发的
- 可能有任何离职的员工或合伙人会质疑这些权利吗
- 是否有其他正在申请或计划申请的专利
- 现有的知识产权资产是如何获得的

商业模式

问题会出现在销售、市场营销、客户以及你的商业模式的各个方面。

- 你现在使用哪些特定的营销渠道
- 你为什么使用这些营销渠道
- 如果这些销售渠道被中断，你的 B 计划是什么
- 你的利润率是多少
- 规模化发展将如何影响利润率
- 你已经做了哪些转型
- 讲一个故事，介绍客户为何决定选择你的产品，以及他们的产品体验如何
- 在这个组织中，谁是最可替代的

- 你公司有什么独特之处

- 除了现有的收入，公司还能有哪些收入来源

公司架构

就像了解你的团队一样，了解你的企业文化有助于收购方真正了解你公司运转良好的原因所在。

- 公司目前的组织架构是什么

- 谁担任哪些职务

- 股份如何分配

- 是否有董事会或顾问

- 公司是在哪里注册的

- 谁负责会计工作

- 每位股东贡献哪些独特的技能和天赋

- 说出一位你没有让其成为创始人的人，为什么

- 谁申请注册的公司

- 谁是公司的注册代理

当前的并购流程

你还必须解释与并购流程相关的所有事情。

- 你的退出目标是什么

- 你退出的预期时间是什么

- 公司的估值是多少

- 你如何确定公司的估值

- 你如何看待与买方公司的整合

初创公司的退出机制

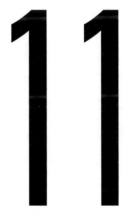

11

收到收购意向书

你已经做好了准备工作，跟一些潜在收购方见了面，并进行了材料演示。现在，你希望获得来自感兴趣的收购方出具的收购意向书。

当你打算出售公司并实现退出时，收购意向书是朝着正确方向迈出的重要一步。但在并购领域，对收购意向书有各种各样的误解。那么这份文件最重要的是哪几点呢？在推进交易之前，你需要了解什么？需要做些什么？

从本质上讲，收购意向书就是一份文件，用来表示就收购你公司的事宜有进入下一阶段的兴趣。

收购意向书是比兴趣函（Indication of Interest，IOI）更有说服力的文件。"兴趣函"更像是某人举手示意，或者是给你发一封陌生电子邮件，表明对方可能有兴趣收购你的公司，并提出粗略估计的价格或价格区间。收购方可能没有做过多少准备工作，但如果你感兴趣，他们就会更有兴趣四处窥探，看看双方是否匹配。这样做有助于收购方简化其工作量，但只有在卖方已经有兴趣以合适的价格达成交易时，才能顺利推进。

在初创公司的并购交易中，兴趣函可能先于收购意向书，但兴趣函不是达成交易的必需前奏。

收购意向书也不是实体或资产购买协议。购买协议实际上是一种法律合同，用来完成交易，详细陈述所有的细枝末节和调整计算，这些内容会决定最终的交易金额并约定交易完成后的几个月甚至几年内的情况，包括在公司合并中的托管、担保、劳动合同、资本化、资源和绩效指标等。这份庞大的文件显然需要更长的时间来制定、谈判、投票、批准，以及获得所有必要的签名。

而收购意向书是一份临时文件，填补了这段时间上的空白，并在此期间，将收购方和作为卖方的你联系在一起。这也有助于双方分享信息并投资更多的时间和资金推动这笔潜在交易。

为什么收购意向书如此重要

收购意向书是第一个真正可见的交易迹象，表明收购方可能是认真的，它有三个主要作用：

1. 阐明交易的大致性质和条款
2. 确定关键点和交易交割前需要落实的要点
3. 保护参与流程的各方

与你的团队、股东和其他人分享收到并购的要约和潜在的交易机会，这本身有很大的风险，所以你要确保收购方是认真的、是尽职尽责的。

显然，与外部公司和第三方分享数据和内部信息，以及打开一些沟通渠道，会带来更多切实的风险——尤其是当其中一些公司可能是你的直接竞争对手，或者一旦他们在你的领域收购了另一家初创公司或决定复制你的成功，很快就会成为你的直接竞争对手的时候。因此，如果交易没有完成，或者收购方及其代表没有本着诚信的原则行事，收购意向书有助于保护你，并将你的损失风险降至最低。

在这种情况下，一份真正的收购意向书也列出了收购要约中一般的条款。收购意向书不是最终协议，也没有法律约束力。你可以认为这些条款可以修改和调整，但这通常对你不利。跟融资模式下的条款清单类似，这份文件有助于确保你至少在交易价格和交易结构上处在正确的大致范围之内。你肯定不想跟一位无法满足你需求的收购方浪费时间。

简而言之，如果没有一份条件高度吻合的收购意向书，你不想参与深入的沟通、分享敏感的数据或讨论相关的成本问题。

收购意向书详解

收购意向书的格式类似一封信，篇幅不等，内容可以笼统也可以深入。这通常取决于交易规模、收购方以及交易结构。作为卖方，你要谈判的内容也是一个因素。

以下是大多数收购意向书中都将涵盖的主要内容或条款，你绝对应该跟公司律师一起研究。

谁

收购意向书的开头是对收购方或报价人和目标公司的惯常正式介绍。

交易概述

这部分列出了期望或预计的交易结构和初始的整体报价。是现金交易还是股票交易，或者混合模式？在调整之前，收购方预期支付的总金额或股票数额是多少？是否包括基于业绩表现的额外对价？交易交割后额外支付或支出的建议时间表是什么？

尽职调查

大多数情况下，收购意向书中会包含尽职调查需要涉及的一些常见信息，包括针对你的陈述及他们的投资要点的所有核实和确认，包括法规、税收、会计等。

保密

一份有法律效力的保密协议应该作为收购意向书的附件。这份单独的法律文件，要详细说明任何违反保密规定或不当使用或披露在交流和尽职调查期间所获得的信息的后果和法律管辖权。这个内容可以作为收购意向书中仅有的两个具有法律约束力的条款之一。请注意，双方都受这份协议以及他们签署的任何其他文件的法律约束。

独家期

预计收购意向书还会包括一个独家期的条款或者附带一份单独的独家协议。这是你在并购流程的这一阶段可能需要签署的第二份具有法律约束力的文件。

比较常见的是 60 至 90 天的独家期。在经济环境不好时，或者在规模更大、更复杂的交易中，独家期会更长一些，因为监管机构的批准要花更长的时间。收购意向书中也可能有延长独家期的条款。

在独家期期间，作为卖方，你有法律义务不接受其他方的报价，也不能主动兜售自己的公司。

比较估值

现在是很好的时机来跟你的潜在收购方谈谈他们如何评估你公司的价值。他们真正想收购的是什么？为什么？收购方的报价是如何得出的？

他们估值所用的公式或方法是什么？这一点很重要。这个信息可以帮助你评估和预计报价和付款的波动情况。如果他们的股价发生变化，会对交易有什么影响？如果你的利润在尽职调查期间下降了，对报价意味着什么？如果在交易完成之前某些税务规则发生了变更，该怎么办？这些信息还可以帮助你在未来的几个月中，针对收购方最看重的评估标准优化你的公司。（举个例子，收购方可能不关心收入，但希望看到活跃用户数的快速增长。）

衡量潜在收购方是否合适

前面我们已经介绍了如何筛选和搜索目标收购方，也仔细研究了财务型和战略型买方的差异。我们还介绍了，如何在并购流程中寻找收购方的正面指标和危险信号。但在这个阶段，明智的做法是退后一步，评估收购方是否合适，然后在签署收购意向书之后继续推进。

对于一家拿着收购意向书跟你接触的收购方，在评估其可行性时，有一下四个关键问题需要交流。

买方公司能够收购你吗

如果这是其收购流程的一部分，那这家买方公司是否真的有财力收购你的公司，并让公司继续运营？拿到收购意向书与交易交割之间，有哪些因素可能影响收购方的这种能力？宏观经济因素？对接资本市场和融资？是否有任何因素可能对其股价和市值产生重大影响？监管问题如何？

买方公司会收购你的公司吗

这家公司是否有可能真的执行这项要约，或者至少是类似的计划？你对收购方有多信任？买方公司是否有成功完成并购交割的记录，还是说这是他们的第一次尝试？你的股东或核心团队成员与买方公司的高管之间是否存在任何潜在的个人冲突，可能导致交易破裂？

买方公司已经做了多少尽职调查工作？如果收购方还没有真正深入了解你的公司，他们就会有太多借口退出交易、降低报价，或者重新谈判条款。买方公司前期的尽职调查做得越多，交易失败的风险就越小。你可能愿意看到收购方在出具收购意向书之前尽可能多地做一些事情（注意安全性和敏感数据）。

并购会怎么样

并购的流程将会是怎样的？你的公司被这个收购方合并和持有后会是什么样子的？

是否会是一件令人愉快、鼓舞人心、充满力量的事情？还是说，在接下来的几年里，每一天都是人间地狱，大家因这笔交易以及由此给客户和全世界带来的影响而后悔多年？

表面上，这一点似乎很难确定，但在与买方公司现任 CEO 的会面中，你会对此有深入的感受。你可以考察一下对方的企业文化与你的公司是否匹配，看看他们作为雇主的声誉，以及其团队的合作情况。

更好的做法是，一定要跟那些曾经与这家收购方进行过并购交流和实际交易的创始人谈谈——包括那些被收购的公司创始人，以及那些在交割前交易破裂的公司创始人。他们有什么要说的？他们能提供什么建议？

对比情况如何

这个收购方与其他收购方相比如何？这个收购方与你的理想收购

方相比如何？不仅是价格或条款上的问题，而是关系到你的企业的未来，你的使命、过程和协同效应是否真正匹配？

敌意与友好的收购方

大多数创业者不会提前思考这个问题。有些要约和并购流程会是友好的，而有些可能是带有敌意的。如果你知道一些主动的收购要约对你公司的使命、团队、客户和公司都是不利的，那么你可以采取一些措施。

要想阻止恶意收购，你可以采用"驱鲨条款"策略，提前让潜在收购方觉得你的公司没有吸引力。当然，你为公司引进的任何一位经验丰富的投资人，如果纯粹从财务回报的角度关注公司的退出，都可能不会赞成这些措施。

随后，你可以采取其他一些策略去阻止怀有敌意的收购方提出要约，包括"焦土"策略或"毒丸"策略，还可以跟盟友进行防御性并购、出售核心资产，或者以极高的利率实施高额的债务杠杆。

但是要意识到，这些策略也可能会适得其反和自我破坏。你可能避免了被恶意收购，但如果策略执行不当，可能会导致公司破产，吸引人的退出之路也消失了。

在实施任何具体行动之前，一定要跟你的律师谈谈这些问题和策略，这样你就知道哪些行为是合法的，以及所有行为的责任所在。

签署前的考虑

需要重申的是，尽管收购意向书大多不具有法律约束力，但其中通常包含有对卖方具有法律约束力的规定、条款和附件。收购意向书是达成真正的购买协议的第一步，随着你拟定更详细的协议并进行更深入的谈判，它将继续推动交易的进展。在你签字之前，要确保自己对这份收购意向书感到高兴和有信心。在尽职调查期间，情况可能不会变得更好，也不会朝着有利于你的方向发展。

事实上，尽管收购意向书中尽可能模糊和简短的表述对收购方更有利，确保从这份文件中收集尽可能多的细节才符合作为卖方的利益。尽量提前多协商，否则，收购方会声称所有条款都是标准的。他们会让你放弃其他的折中方案，以寻求保证或者不同的基本目标，包括额外的对价、员工薪酬待遇等方方面面。要记得询问财务调整会如何实施。

你是否真的信任买方公司，愿意提供你公司的数据和商业秘密，这可能要依赖你的直觉。不要忽视自己的直觉。

要理解兜售或不兜售条款。收购方允许你为你的公司招揽其他报价和要约吗？还是禁止你四处兜售、拍卖，或是接受其他收购方的洽谈和要约，而那些要约可能比你现在拿到的这份要好得多？

如果你签了字，收购方却反悔了，结果会怎么样？收购方愿意托管多少保证金，以显示收购方的严肃性和承诺？作为违约或分手费，你能从保证金中拿到多少来补偿你损失的时间、费用和保密信息？

收购意向书模板

下面是一个很好的收购意向书示例。请注意，这只是一个示例，具体情况你需要咨询你公司的律师。

【买方】

【卖方】

收购意向书

本意向书的出具日期为【 】，确认【买方】（"名称"或"买方"）有兴趣收购【卖方】（"名称"或"卖方"）的全部或绝大部分业务、资产或权益证券。

在本意向书中，买方对卖方的业务、资产或权益证券的可能收购被称为"收购"。各方希望就收购事宜开始协商一份最终的书面收购协议（"最终协议"）。为促进最终协议的谈判，买方准备了本意向书。最终协议的执行将取决于买方对卖方持续的尽职调查能否圆满完成，也将取决于买方董事会的批准。

以下条款清单中的条款约定仅代表买方的兴趣表达，不对任何一方或卖方具有法律约束力，并明确受最终协议的谈判和执行的约束。此外，本意向书中的任何内容都不应被解释为买方提交最终方案的要约或承诺。

根据买方目前已知的信息，建议最终协议应包括以下条款：

卖方：	
买方：	
授权：	买卖双方拥有完全的授权，在不违反本意向书条款规定的情况下，就本次交易进行谈判并执行本意向书。
交易结构：	在业务和法律尽职调查完成后确定。
购买价格：	
付款期限：	
杂项：	
交割日期：	
双方将受以下条款的约束：	
保密：	双方同意，本意向书及其内容应被【买方】及【卖方】视为于[ ]年[ ]月[ ]日签订的"相互保密协议"中定义的保密信息（"NDA，保密协议"），本条款清单及其内容可能向双方各自的董事会、法律顾问、财务顾问和高级管理层披露除外。
独家性：	在本意向书签署后的【 】天内，卖方将不会直接或间接，通过任何代表或其他方式，征求或接受任何其他人的报价，与任何其他人进行谈判，或以任何方式寻求、讨论、接受或考虑任何其他人提出的与【卖方】的任何资产、股份或任何业务单元的全部或部分购买相关的方案，无论是直接还是间接，通过购买、合并或其他方式。卖方或其代表与任何其他人士就任何该等要约或方案或任何相关询问进行的任何接触，卖方应立即通知买方，并以书面形式提供相关信息。

（续）

尽职调查：	根据"保密协议"，双方应做出商业上合理的努力，在本意向书签署后【 】天内向另一方交付其合理要求的并经双方同意的一套完整的尽职调查材料。
成本：	买方及卖方将负责并承担其各自于任何时候就进行或完成收购而产生的所有成本及开支（包括任何经纪费或介绍费及其代表的开支）。
修改：	本意向书可通过双方签署的书面文件进行修改、补充或以其他方式的修改。
管辖法律：	与本意向书有关或由此产生的所有事项将受【地区】的法律管辖，并根据【地区】的法律进行解释，而不考虑需要适用任何其他法律的法律原则冲突。
终止：	除非买方另行书面同意，本条款清单中拟定的条款于【日期】之后不再适用；但是，保密协议及其条款将在本意向书以任何方式终止后继续存在。任何一方均可在【日期】之前或如果买方延长期限，在卖方签署最终协议前向另一方发出书面通知，终止本意向书。
本条款清单由以下各方于【日期】根据上文所述条款和条件达成一致。	
卖方： 【姓名】 【职务】 【公司】 买方： 【姓名】 【职务】 【公司】	

退出机制 初创公司的

12

———

与利益相关方的沟通

在整个并购流程中，与利益相关方的沟通至关重要。了解你需要跟谁交流，以及他们的角色是什么，这些对于交易的成功至关重要。这些工作会极大地影响最终的结果、交易进展的顺利程度，以及你可能因为不遵守约定而承担的法律和财务风险。

在并购流程中可能涉及各种利益相关方。要了解他们是谁，他们的角色是什么，以及如何与他们互动。

董事会的角色

董事会在并购交易中扮演什么角色？

作为公司的创始人或 CEO，在出售公司时，你可能会是第一个接到电话、对外交流及推销的人。不管你加入这家公司有多久，重要的是不要忘记自己在组织中的新位置。

根据《公司法》的规定，在大多数司法管辖区，公司的执行团队都是在董事会的指导下工作，公司由董事会管理。董事会决定公司的战略和发展方向。包括 CEO、COO、CFO 和 CIO（首席信息官）在内的管理团队也是在董事会的指导下工作，执行董事会的决定。

这就意味着，你不能直接对一个报价或要约发表意见。根据法律规定，你是按照董事会的指示和决定来运营公司。因此，这与你的

CMO（首席营销官）或客户服务主管就并购交易跟一家更大的竞争对手进行交流没有太大的不同。

一开始，这种方式可能像一片难以下咽的药丸。作为首次创业的创业者或创始人，你很难理解这一点，你一直全身心地投入在这家公司里，但突然之间，你身边出现了投资人、股东和董事会。

第二次创业的时候你就能更好地理解这一点，你会以更具战略性的方式打造你的公司，并且一开始就牢记最后的目标。

当然，反过来，董事会也是为拥有投票权的股东们服务的。

通常，根据《公司法》，批准公司的合并或收购需要董事会一致通过或者投资权股东的多数票同意。这里的多数票有不同的方式，可以是有表决权股份的多数、各类不同股份的多数或者会议参与者的多数。（这是创始人设立并拥有超级投票权的一个好理由。）

这种规定也适用于购买方的决策。

在很多情况下，早期的创业公司和他们的董事会还没有制定一套正式的并购或退出战略，以及对应适用的政策。一家更为成熟的公司可以这样实施，而且它自己也在进行收购。

在做决策时，尤其是并购决策，董事会受两项隐含的规则和协议的约束：

- **忠诚义务**
- **谨慎义务**

首先是忠诚义务。董事会对公司负有忠诚的信托责任。这意味着，他们要以公司的最大利益为运作目标，包括采取行动和进行交易、确保隐私和保护机密。虽然很多创始人可能会将"对公司忠诚"解释为公司的使命、创立的愿景和价值观，但如果其他股东不喜欢董事会做出的决定，他们也会起诉。因此，忠诚往往会归结为一种对股东愿望和利益的责任。

其次是谨慎义务。这意味着董事会要足够谨慎，确保实施的是一笔适当的收购。谨慎会归结到尽职调查。收购方的详细的尽职调查可能看起来像一场真正痛苦的经历和枪林弹雨，但这是他们在履行对公司和股东的法律义务。

在并购的讨论和交易中，董事会有几个特殊的角色和工作。如果要说有什么区别的话，那就是董事会成员必须更进一步，证明他们遵守了这两项法定义务。

权衡所有选择

在接受一份收购意向书形式的要约之前，即便这是一份极好的要约，董事会也必须权衡所有潜在的选择机会。这些机会可能包括上市或进行新一轮的融资，并保持独立性，也包括兜售一圈，招揽其他收购方，以确保投资人和股东获得最高的报价和回报。

指导估值和匹配性

董事会应该参与在价值和战略匹配性上基于数据的讨论。根据事实设定价值预期是他们的工作。他们应该了解到理性不足的高估值会带来的危险，这种情况会让交易进展多么不稳定，以及在其他股东开始对估值预期过高时，可能给公司内部带来问题。

此外，要确保股东不会因为想要获得过高的金额或对价值有不切实际的看法而破坏一笔优质的交易。与此同时，对于公司的估值和出售的任何资产，董事会成员还有责任确保其没有被高估到未来可能被视为欺诈的程度。

交易交割后，如果收购方陷入财务困境，或者无法偿还因交易而产生的任何融资贷款，收购方可能会宣称，他们支付的过高估值是遭遇了欺诈。

作为客观的声音

管理层，尤其是创始人，很容易受到一些无意识偏见的影响。他们在创业的前线和战壕里，一直生活在极度的激情和乐观之中。公司面临危机时，他们会受到最大的怀疑和恐慌的影响。他们在宏观层面的经验可能最少，行事更倾向于情绪化而非客观理性，这在财务和法律上都存在风险。董事会的作用，就是用他们的经验和智慧来平衡这些因素。

最重要的是，董事会成员需要在这个过程中证明自己的客观性。这通常意味着成立专门的委员会来评估和监督估值过程，并把估值等工作外包给能够客观思考、研究和陈述的第三方。

并购后的整合

在并购后的整合方面，经验丰富的董事会成员可以为公司带来很多东西，而交割前的战略和战术将决定两家公司的整合程度。

董事会成员也可以在并购完成后继续发挥作用。哈佛大学对《财富》500 强公司的一项研究表明[一]，在 83% 的案例中，收购方的董事会成员在收购完成后会留任。出售方的董事留任的比例是 34%，而外部董事继续留任的比例只有 29%。

让投资人了解并购进展

投资人在并购流程中可以产生很大的影响力，特别是那些投入了

[一] https://corpgov.law.harvard.edu/2015/09/07/role-of-the-board-in-ma/

大量资金并获得了大量股权的投资人。

按照投资协议条款的约定，大多数机构投资人在你公司的董事会中都有席位。如果公司启动交易洽谈的事情，他们将是第一批被告知的对象。

最终，所有投资人都可能有投票权。如果你选择了正确的投资人，而且你们的愿景和时间线一直保持一致，那么在处理任何收购要约或出售公司时，你们都应该达成一致。他们想要的应该是对公司最好的东西，如果是将公司出售，那么他们也应该会支持。

当然，他们从事的也是投资业务。他们当初对公司投资，是抱着能获得一定水平回报的预期和希望。或许最重要的一点是，他们有义务向其背后的基金出资人兑现做出的回报承诺。

他们会关注退出时能够获得的盈利倍数。在大多数情况下，他们会有约定的倍数和优先权利，以确保他们在交易完成后首先获得最佳的偿付。

事实上，当你同意接受他们的投资，至少是从职业天使投资人和风险投资人那里接受资金时，你实际上是承诺了为他们提供一个退出渠道。当然，在公司出售时可能会出现分歧和意见不一致，尤其是在合适的时机和价格等问题上。有些投资人可能想持有股份更长时间。私募股权和战略型企业投资者可能不希望你出售公司，如果他们认为出售可能会对他们自身业务有害，情况更是如此。

当投资人不是董事会成员时，做好准备是值得的。你要能够很好地展示公司，还要考虑其他选择机会，并为以后可能出现的拐点、估值以及出售公司的利弊等做好准备。还有一个问题是"为什么是现在？"（或者"为什么不是现在？"）以及考虑到当前的实际情况和前景，哪种选择机会最符合他们当初投资时的预期，或者能为他们提供最好的未来。

然后，让他们适当地了解最新动态和即将到来的投票，可以通过电话或电子邮件告知，只要确保你所掌握的信息是必须要保密的。有经验的投资人知道并购交易流程的跌宕起伏，他们可能想加入进来，也应该能够处理超出你预期的不确定性。

员工应注意的事项

将收购要约和潜在出售事宜告诉员工，可能是导致并购交易失败的重要原因之一。

首先，当你在整个组织中传播机密信息时，你无法控制这些信息。其次，尽管你希望对团队成员完全透明，但过早泄露信息可能会严重危及公司的运营。

你可能会让他们的整个世界陷入混乱。一旦他们开始在谷歌上搜索并购相关的术语，大多数情况下会发现令他们恐慌并需要采取防御措施的信息。他们会觉得自己需要主动找份新工作，或者争取自己的股份期权或福利。把日常工作做好可能很快就会成为他们最不想做的事情，这并不是他们的错。这不仅可能破坏交易，而且当交易失败时，对你的公司来说也是灾难性的。

无论你多么爱他们，多么信任他们，多么希望他们能在整个创业过程中一直陪伴着你，多么希望能一起享受一个好的结果，在这方面大多数的建议都是：等待尽可能长的时间，再将这个消息告诉你的大多数员工。

到了该告诉他们的时候，要保持透明。解释为什么出售对公司来说是最好的举措，以及给他们带来的好处。争取他们的支持，这样他们就能继续帮助你不断前进。

退出机制 初创公司的

13

价格谈判

你见过潜在的收购方，拿到了收购意向书，已经跟你的董事会成员沟通过了。现在，时机来到了谈判和最大限度提高交易价值的阶段。那么，这里最重要的因素是什么？你如何确保在达成最好的交易的同时，不至于太过贪婪而拒绝掉优秀的收购方？

价格与条款

确定价格本身是有价值的，原因有很多，比如跨越心理障碍（对于你的一些投资人或收购方而言），以及有助于建立你未来创业的信誉和口碑。以 10 亿美元甚至更高的价格出售了一家公司，这件事是有一定分量的。很多重要的收购方都不会做小交易。他们更有可能以更高的价格购入资产。更高的价格可以让投资人和联合创始人感到特别有成就感。

虽然我们不应完全忽略总体报价，但条款更为重要，因为它们可能决定了以下结果：

- 你如何获得货币形式的交易款项以及何时获得
- 谁获得多少
- 支付结构及税后金额（可能差异很大）

- 流程愉快或沮丧程度
- 交易完成后，对公司、使命和客户来说实际有什么好处

要敏锐地意识到，就净收益和未来而言，放弃较低的总体报价实际上可能更有益处（这要归功于条款），而且更高的价格并不总是能得到更好的结果。

条款（更具体地说，是那些影响你和其他参与者结果的条款）比价格或估值重要得多。

沟通结果

沟通结果分为两个部分：

- 向利益相关方沟通不同要约的结果
- 向潜在收购方沟通你的股东和公司需要的结果

你的董事会、股东和联合创始人需要知道，不同的潜在要约对他们来说到底意味着什么。10 亿美元的报价听起来可能很棒，但对其中一些参与方来说，这仍然可能是零收益，他们可能不得不做出进一步的长期承诺，才能获得收益。

对于你的一些投资人来说，这是不是他们拿回资本的最后机会？还是说，他们有可能得到自己所期望的 10 倍回报？

当然，对于怎样做才是公司未来的最佳前进方向，你们希望大家意见一致。毕竟，这才是真正的使命和义务。

在跟感兴趣的收购方沟通结果时，你应该清楚，哪些结果会决定交易的成败：

- 投资人期望的最低回报

- 你可以拿走的最低金额

- 保证公司继续生存和发展的条款

显然，大家对这些诉求也有不同的期待。

有些公司发现自己处于一种危机状态，此时出售是最有吸引力的选择。如果是在出售、破产、业务收缩之间做选择，那么你必须接受目前可以得到的。你可以也应该继续谈判，即便可能没有能力提出太多要求，但也要争取达成最好的交易。

有时候，可能是你的初创公司已经达到了顶峰，或者你只是失去了兴趣。通过合并或把公司交给一家大得多的企业，对公司的增长可能是最有效的。或许，你只是想自由地探索另一家需要投入创意和兴趣的公司。在这些情况下，价格可能是第二或第三考虑的事情，排在退出条款和速度之后。

推动最后期限

就并购交易而言，最后期限可能非常重要。

对于报价、结束谈判、签署购买协议以及完成交割，你都应该设定最后期限。

旷日持久的谈判可能是一种螺旋式的下降。即使市场好转，你公司的业绩上升，公司的有形价值提高，你可能会发现，在交易的过程中很难重新谈判获得一个更高的价格。这意味着你要找到一种避免承担法律责任的退出方式，然后从头再来，或者放弃摆在桌子上的一大笔钱。

更有可能的情况是，你的公司将面临市场滑坡、业务剥离和现金短缺等情况，而所有这些都使得收购方可能希望以更低的价格重新进行谈判，以补偿可能出现的价值损失和风险的增加。

如果你们在价格谈判中已经接近达成一致，就不要让过程拖得太久。如果你在寻求更多的要约，那就设定一个截止日期，让他们签字，或者继续找新的收购方。

交易交割也是如此。一些并购交易可能在几周内完成，大多数需要几个月，有些甚至需要一年甚至更长时间才能完成交割并获得资金。基于业绩的额外对价和其他条款可能要到交割后数年才能兑现。

距离交割的时间越远，风险就越大。时间拖得越久，收购方退出交易的风险就越高。这可能是因为收购方公司的管理层、战略、财务状况发生了变化，或是市场出现滑坡，或是你公司的业绩出现下滑，以及收购的迫切性下降。如果收购方想退出，他会找到办法的，即便是经历一次地狱般的尽职调查，也能让你放弃。

时间也意味着内部的风险。更多的时候，你是在忙着应对这笔交易，而不是忙着业务，推动公司增长或是抓住最佳时机启动你的下一家创业公司。随着兴奋感的消退，你的团队和股东可能也会对这笔交易失去兴趣，或者认为还有更好的选择。有些人可能会蓄意破坏，在这个过程中让公司和其他利益相关方损失惨重。随着时间的推移，这种风险会不断增加。

通过竞标提高价格

你对自己和股东都有义务，要让你的初创公司实现最大价值。除非你已经为公司招揽了其他投标人，否则你无法知道自己是否做到了，也无法向其他人或在法庭上证明这一点。

竞标是一个了不起的、被证明是有效的最大化报价工具。这也是为什么拍卖几百年来一直很流行的原因。易贝（eBay）等大型创业公司以及苏富比（Sotheby）等标志性品牌的业务都以竞价交易为基础。

一旦你收到了一份收购意向书形式的要约，要慎重对待的话，你就真的有义务四处兜售。你可以以公司的名义自己来做这件事，整理推销文件，向其他目标收购方展示这个并购机会，让他们在感到错失良机、为时已晚之前提供报价。或者，你可以聘请一位投资银行家来处理，为你的公司打一场竞标战。

这是心理学的入门课。在竞标战的场景中，人们会情不自禁地被鼓动起来。竞争驱使着他们，对错失良机的恐惧也驱使着他们。只要存在购买你的公司的基本需求和愿望，并且有对公司未来价值精彩的描述，他们就能向投资人证明收购的必要性，并且你很有可能会推高公司的价格。

即使你的初始报价来自你眼中的最佳收购方，这个过程和竞争也会促使收购方提高报价，甚至会加速交易流程，同意缩短交割周期，为你提供更有吸引力的条款。

同样，不要过于自信或贪婪，以至于丢掉了最初的报价，导致公司出售失败，或在后续跟这些收购方一起毁掉退出机会。这里也要给自己设定一个内部最后期限。

买卖双方价值最大化

沃伦·巴菲特曾说过："价格是你付出的东西，价值是你得到的东西。"

对于你的公司和股东，以及你的收购方，你如何提升和最大化这笔交易的价值？

价格和价值可能是相关的，但在公司发展的每一步，它们并不总是直接交织在一起。对双方来说，价值有不同的表现形式，其中有一些与价格无关。

虽然现在"双赢"可能听起来是一种陈词滥调，但双方必须能感觉各自都在赢得一些东西。否则，他们就无法坚持到底，尤其是对于这种时间可能会很长并且充满挑战和退出借口的交易。

你能做些什么来增加这笔交易对你这一方的价值呢？

对于一些持有公司股权的董事会成员、联合创始人和核心团队成员来说，有一件事似乎很重要也很关键，那就是交易完成后他们会得到什么。这可能是纯粹的心理感觉和自我实现，也可能是脑子里考虑的收入和职业道路。在并购后保住他们在公司的工作，加上不错的职位、薪酬待遇和学习机会，可以给他们带来很多能感知的价值，而且可能不会真的让收购方多花什么钱。

额外对价及其他交割后基于业绩表现的收益也可以提升你这一方的价值。这种做法大大降低了收购方投入这部分资本的风险。事实上，你能做的任何为收购方降低和消除风险的事情，将会产生很大的差异。不必考虑额外的责任或潜在的损失，就能提高收购方投入的每一分钱的价值。这也能证明你的公司值得更高的价格。

为收购方提供信心和降低风险的另一种方法是通过合同。与客户、供应商、分销商签订的销售和收入合同，甚至是财产租赁合同，都为公司今后的发展提供了保障。任何能够锁定收入并固定成本的东西都会对交易有所帮助。

鉴于失败的整合通常是这些交易损失和失败的主要原因，你越能证明整合可以做得好，你创造的价值就越多。你需要不断测试、测试、测试。把团队聚在一起，一起运营项目。如果你能超出预期，那会给双方增加一大笔收益。

税收决定了总报价和净收益之间的差额。在财务和交易结构的设计上，你能以更懂税务的方式所做的任何事情，哪怕价格没有任何变化，都可以为所有人带来巨大价值。这关系到投资人要缴纳的税项，以及投资人的收益会减少多少。

如果你非常了解收购方，那么你应该清楚他们想要什么，他们真正想要收购的是什么，以及什么东西对收购方来说有价值。收购方可能对你的很多资产不感兴趣。事实上，这些的资产可能被认为是一个麻烦，管理和处置的成本很高。你可以帮助收购方创造更多的价值，同时为自己一方保留更多的价值。这可能包括知识产权、房地产资产、设备等，比如一些你可以用来创立一家新公司或卖掉以产生更多现金收益的资产。

像收购方一样思考

成功的谈判意味着能够深入收购方的内心，并且能够根据收购方的需求制定出合适的交易方案，也能满足你最重要的需求。

互相迁就

不幸的是，就算你在第一时间抛出最好的价格，即便对他们来说是个好价格，也并不总是奏效。他们希望在达成交易时能感觉到自己赢得一些东西，能像你这一方的人所期待的那样。

通过了解收购方的触发因素和利弊权衡，以及你的核心要点清单，你可以创建一种交流的场景，在收购方想要的事项上做出让步，以换取更多你想要的东西（例如，用交割时间表和价格，换取对方首选的支付方式和其他小的技术让步）。

价格门槛

在某些情况下，收购价在某个价格点以下会让收购方感觉更好。也许 8.8 亿美元让他们感觉比 10 亿美元好得多。但是，某些细节可能会让这个价格对你更有利。也许支付 20 亿美元实际上可能会为他们的自我感觉和声誉带来更多好处，即使他们支付的价格过高——就像第一个花 1 亿美元购买纽约市顶级公寓的人。对于一些基金经理和科技公司来说，吹牛的权利和媒体曝光可能值得挥霍一大笔钱。

表现聪明

人们都希望在周围人面前显得聪明，希望别人因为他们的聪明而钦佩他们。

如前所述，为他们降低交易风险的事情，做得越多越好。除了钱，这还能让他们相信，如果最终结果对他们不利，他们也不会显得愚蠢。

如果你能让他们相信，他们比其他人更早发现这个机会，或者他们看到了你公司真正的、更高的价值，这也能吸引那些想留下自己印记的人。

偏执狂

虽然你专注于自己的公司可能会表现得更好，但很多人都认同这样一种心态：即有人正在密谋颠覆让他们垮台，或者团队正在加班加点想把他们踢出局。他们对于自己被竞争对手击败和超越非常多疑。在这种情况下，与时机、达成交易或在竞争对手之前锁定你的公司（然后用你的公司来对付他们）相比，价格问题退居其次。

收购方的价值何在

收购方真正想要的是什么？是你的知识产权、数据、客户、团队、收入流和收益，还是其他？利用这些知识，为你的公司和股东创造最大的退出价值。了解这些信息，并针对性地分配大多数的价格权重和谈判精力。如果你愿意，你可以把那些收购方不在乎的要素剔除出去，然后考虑用其他方法从这些要素中获得价值。

你会搬迁吗

具有讽刺意味的是，尽管大型科技公司和硅谷推动了很多基于虚拟化和云计算的创新，但他们仍然非常注重本地化布局，而且注重实体存在。如果你愿意搬迁，并且处在他们的保护伞之下，那就把这个意愿当作你讨价还价的筹码或者额外奖励。你一定要提出来，因为收购方不一定会问及。他们通常只是猜测。

初创公司的
退出机制

14

尽职调查阶段

没有委婉的说法：尽职调查就是地狱。

至此，你已经走了很长的一段路。但是，这个流程还有很长的路要走，而尽职调查阶段可能是最漫长的阶段之一，也是最累人的阶段。

如果足够幸运的话，你可能是少数几个能看到这段时光在几周内流逝的人之一。而且，在意识到这一点之前，你可能已经进入了一个全新的阶段。在多数情况下，这一阶段可以拖到几个月，甚至一年或更长时间。希望你能在比这更短的时间内完成尽职调查。

如果你觉得股权融资时的尽职调查很痛苦，或者你认为四处兜售寻找一家优秀的潜在收购方并就条款进行谈判所需要的工作量很大，那么你要做好准备，迎接一个全新水平的痛苦和工作量。

对于那些经历过抵押贷款买房的人来说，这一阶段的工作量和理论上没有太大的差别。首先，你忙着寻找合适购买的房子。一旦你认为自己找到了，接下来就是大量来回的谈判。然后，你终于得到一份可接受的报价。

但真正的工作才刚刚开始，此时还不是能够松一口气和放松的时候。需要通过尽职调查来验证和证明所需的一切，并确定抵押品的价值。这可能会导致最后一分钟的障碍、延误和重新谈判。在交易交割前，你可能会有很多的不眠之夜和压力。

对于那些没有预料到这一点的人来说，这种情况可能是一个相当大的打击。实际的压力会比你想象的要大得多。做好面对困难的准备，这会让你感觉好一点。

提前做好准备，克服心理和生理上的压力。确保所涉及的团队成员对此也有所了解，为预期做好准备，并且能够很好地应对。

整理交易室

你的交易室可以决定交易的成败，也将极大地影响你完成（或终止）交易的速度，以及可以实质性地影响交易的条款和价格。

实体交易室与虚拟交易室

在很大程度上，实体交易室（也称为数据室）已经变得多余。交易室过去是一间用于实体文档存储的专用房间，查看数据的权限受限（仅适用于具有查看权限的相关人员）。

当然，堆满纸张的实体空间已经不再实用，那显然是缺乏效率的。例外情况可能是跟政府有关的交易，在这些交易中，安全性至关重要。

如今，虚拟交易室（Virtual Deal Room，VDR）更为常见，特别是随着业务的全球化，虚拟交易室也更为人们所期待。

虚拟交易室的优势如下：

- 节省大量的树木，环保
- 使用起来更高效、更有利可图、省时间、省钱
- 能更快上传所需文档并推动交易的进展
- 协作清晰，具有问答和留言的功能

- 能轻松搜索和找到文档

- 便于交叉引用和链接数据

- 清晰地跟踪所有信息和记录谁查看了哪些信息

- 数据在云端安全存储，不会出现纸质文件丢失或被盗的情况

交易室软件

目前有多种交易室软件可供选择。其中比较受欢迎的有 Merrill、Intralinks、Venue、ShareFile、Mixado、Digify、Firmex、DealVDR、ShareVault 和 DealRoom 等。这些都并非我的推荐或背书，只是一些可供挑选的样本。

你也可以不使用专门的交易室软件，而是将文档存入一个文件夹，然后通过 Google Drive 或 Dropbox 共享。

如果想尝试交易室软件，请关注并购交易室软件的以下要点：

- 高级别的网络安全

- 随时撤销访问和权限的选项

- 能够跟踪查看记录以及谁在什么时候访问了哪些信息

- 仅允许查看的权限

- 不同角色的不同访问级别

- 非长期合同

谁应该访问你的虚拟交易室

在创建虚拟交易室时，你要考虑谁可以访问它。有很多人不能访问。你可能不希望自己全部的员工、客户、用户、媒体、公众或者跟交易无关的任何人都能够访问你的虚拟交易室。授予虚拟交易室访问权限的可能包括以下人员：

- 联合创始人
- 高级管理人员
- 律师
- 投资银行家
- 交易牵头人和交易委员会成员
- 交易交割后的整合牵头人
- 负责交易室数据上传的团队成员

哪些信息应该上传到你的交易室

很多人都不确定他们的交易室要提供哪些信息。虽然交易的性质可能会影响某些细节，但你必须考虑所有潜在的相关选项。验证、准备和上传信息可能是一项繁重的工作，但这种辛苦是必要的，而且最终会得到回报。以下是你应该考虑的信息类别：

1. 组织

1.01 登记证书（或同等文件）及所有修订和重述；

1.02 当前的公司章程（或同等文件）；

1.03 公司使用或登记使用的所有商业名称清单；

1.04 本公司任何及所有附属公司及连属公司名单及设立的司法辖区；

1.05 本公司自成立以来持有或租赁（作为出租人或承租人）所有资产的司法辖区的清单；

1.06 本公司有资格作为外国实体、已申请该资格或有实质性联系的所有司法辖区的清单；

1.07 会议纪要，包括董事会、董事会委员会或股东会（或同等会议）的会议记录；任何一项代替召开上述会议的书面同意；以及在任何会议上分发给董事会、董事会委员会和股东（或同等人员）的所有材料；

1.08 公司实施的任何业务收购或处置清单；

1.09 曾经或目前担任高级管理人员或董事（或同等职位）的所有
人员名单。

2. 资本化与证券持有人

2.01 已授权和已发行的证券清单，包括持有人、数额、证券的类
别或系列，以及证券转让账簿和股票分类账的副本；

2.02 发行或登记证券的协议；

2.03 与公司证券的投票权、优先认购权、转让限制、优先购买权
及其他权利相关的协议；

2.04 所有认股权证、期权或其他与有权购买本公司证券或要求公
司发行或登记该等证券相关的协议；

2.05 针对员工、顾问、咨询师、董事（或同等人员）的任何股票
期权、股票红利、股票购买或其他基于股权的补偿机制的所
有计划和授予或奖励文件；

2.06 与项目中介之间的任何协议，或声称公司有义务补偿与融资
交易有关的任何个人或实体的任何协议；

2.07 私募备忘录、投资函、调查问卷以及与本公司任何证券发行
相关的其他文件；

2.08 所有股票证书和股票转让授权书的正面和背面副本；

2.09 公司之前的每一轮股权融资（包括可转债融资）的任何交割
文件副本清单。

3. 财务报表和审计

3.01 最近三年的财务报表；

3.02 未在最近财务报表中反映的负债（及其他）附表；

3.03 自登记成立以来会计师及审计师的任何变更明细；

3.04 自成立以来律师给审计员的审计函件副本。

4. 税收

4.01 公司免除销售税、使用税、所得税、特许权税、财产税或其他税收的所有国内和国外管辖区的清单；

4.02 公司自登记成立以来的纳税申报单（包括联邦政府、州和地方）；

4.03 公司自登记成立以来，向所有税务机关（包括美国国税局）提交的报告和重要函件。

5. 员工、薪资和劳动争议

5.01 公司作为一方的所有集体谈判协议、雇佣协议、聘书、咨询协议、离职协议、竞业禁止或不招揽协议、控制权变更协议和知识产权转让协议、保密协议，以及公司当前考虑或即将签订的任何前述协议的清单；

5.02 劳动争议、仲裁请求、组织诉讼、申诉程序和类似事项以及最近工会谈判过程的简要情况；

5.03 所有员工的名单，注明每位员工的部门、职务、职能、行业经验和收入，以及是否为本公司高级管理者或董事（或同等职务）；

5.04 自公司成立后被解雇的所有员工名单，以及解雇原因；指出该离职员工是否签署了离职协议（并提供已签署的离职协议副本）；

5.05 工作终止程序、政策和终止函样本。

6. 招聘政策及员工福利

6.01 所有的人事手册、员工手册以及与招聘政策和程序相关的文件；

6.02 所有的平权行动计划；

6.03 所有关于未获得直接工资的员工薪酬政策及措施（即奖金，佣金、加班费、额外工资、轮班补贴等）；

6.04 附带福利、额外津贴、假期、休假和遣散费政策；

6.05 激励、奖金、递延报酬、利润分享和无条件退休金计划；

6.06 员工健康和福利计划，无论是公司投保还是自行投保，包括每项计划的最新概要说明；

6.07 6.06 和 6.08 项中描述的每位员工福利计划的所有表格，系列年度财务报告和汇总年度报告（包括所有支持计划和审计报告）；

6.08 每项符合税务条件的退休计划和任何相关的信托或保险合同（截至目前的版本）以及每个计划的最新概要说明；

6.09 每项税收优惠福利计划的最新国税局确定函。

7. 财务承诺

7.01 所有契约、贷款和票据协议（无论是即期、定期、分期付款还是其他）和信用额度安排，无论是银行贷款、工业收入债券、抵押或其他，无论是有担保还是无担保的，以及证明其他重大融资安排的所有文件，包括售后回租安排、分期付款购买、信用证、资本和杠杆租赁以及可收回的证券化；

7.02 符合 7.01 所述工具的概要（包括说明当前是否预期未来会违约）以及与贷款人的所有通信；

7.03 为公司利益或由公司提供的担保；

7.04 证券持有人、员工、高级管理人员、董事（或同等人员）或其任何直系亲属的贷款清单；

7.05 与终止雇佣有关的合同义务；

7.06 公司所有未偿还债务清单，详述此债务的金额及实际利率；

7.07 公司财产及资产所附带的所有留置权及产权负担清单。

8. 同意

8.01 为完成本交易，需要由公司或代表公司获得的所有实质性同意的清单，具体说明需要同意的实体或个人的名称、所需的协议以及须取得此类同意的理由。

9. 许可证、执照及遵守的规定

9.01 公司所需的所有重要许可和执照（包括但不限于环境许可和执照）；

9.02 公司已经面临、当前面临或预期面临的任何监管和合规问题（包括但不限于美国食品药品管理局，健康保险流通与责任法案）；

9.03 与公司可能面临的潜在监管或产品责任索赔或诉讼相关的信息；

9.04 如果适用，有关保护个人健康信息的书面政策和指南以及相关的隐私政策。

10. 保险

10.01 所有保险合同，包括董事和高级管理人员责任（或同等岗位）、汽车、一般责任、环境责任、关键人员（无论是否由公司拥有）和产品责任保险合同；目前尚未解决或自公司登记成立以来已发生的保险索赔、与保险公司的纠纷或拒绝承保范围的列表及概要；根据事故保单支付的保险索赔清单；

10.02 员工赔偿文件；

10.03 供应商责任背书；

10.04 公司被拒绝购买保单的任何时间列表，或保险公司拒绝提供公司或代表公司要求的关键人员保单的任何时间列表（无论该保单是否由公司拥有）。

11. 诉讼

11.01 未决和潜在的索赔、诉讼、行政或其他诉讼以及政府调查的清单和状态，涉及公司或任何董事（或同等人员）或与履行公司职责（无论是为本公司还是为任何第三方）相关的，或与公司生产或分销的任何产品相关的，以及目前和以前处理此类事项的律师清单；

11.02 针对公司以及任何董事（或同等人员）或高级管理人员的未决判决或法令清单，如果这些判决或法令与履行公司职责有关；

11.03 涉及公司的所有同意法令、和解协议、禁令和类似事项清单，以及与履行公司职责（无论是为本公司还是为任何第三方）、任何董事（或同等人员）或高级管理人员相关的事项；

11.04 过去五年中涉及任何关键人员（公司的任何创始人、高级管理人员、董事或关键员工）的所有未决及受威胁的索赔、诉讼、行政或其他法律程序的清单；

11.05 过去五年中任何关键人员参与证券或商品销售或交易的所有破产和执照吊销、暂停、谴责、禁止的相关清单。

12. 知识产权

12.01 公司拥有或使用的专利、商标、服务标志、版权、商号、商业秘密和其他无形资产（包括国内外的申请、注册、许可和转让）；

12.02 与专利有关的意见（包括使用权、可专利性、阻止专利、侵权和有效性）和与商标有关的意见（包括可注册性、侵权和有效性）以及与其他知识产权相关的意见；

12.03 公司拥有的所有软件程序清单，这些软件程序（a）供公司内部使用或（b）由公司提供给客户使用；

12.04 第三方拥有的所有软件程序清单，这些软件程序（a）由公司在内部用于其业务运营（根据"收缩包装"协议许可的非定制、大规模销售的软件产品除外）或（b）由公司提供给客户使用，在这些情况下，说明公司使用此知识产权的权利所有者和性质；

12.05 与知识产权相关的许可协议，根据该协议，公司是许可方或被许可方（包括与公司开发的产品相关的"收缩包装"软件产品），以及任何支付版税的义务或收取版税的权利清单；

12.06 指控公司侵犯第三方知识产权的文件，或指称或实际第三方侵犯公司知识产权相关的文件；

12.07 与员工、顾问或独立承包商签订的保密、不披露和发明转让协议，以及此类协议未涵盖的任何员工、顾问或独立承包商的名单；

12.08 向员工分发的关于公司在业务运营中使用的专有项目、技术数据、营销数据或机密信息保护的书面政策和指南；

12.09 与公司产品、服务以及专有产品和信息相关的第三方开发和测试相关文件；

12.10 纳入公司任何软件产品或开发中产品的任何开源或社区源代码清单；

12.11 公司知识产权的所有留置权和产权负担清单。

13. 物业、厂房及设备

13.01 公司目前和以前拥有的所有不动产清单；

13.02 目前和以前租赁给公司或由公司租赁的所有不动产清单；

13.03 出租给公司或由公司出租的不动产和金额重大的与个人财产相关的所有租赁和转租清单；

13.04 妨碍公司不动产或个人财产的所有重大协议，包括但不限于抵押、信托契约和担保协议；

13.05 涉及公司的所有重大设备租赁，包括资本化租赁或融资租赁清单。

14. 环境事项

14.01 公司自登记成立以来收到的或目前尚未解决的所有与国内或国外环境法有关的违规或执法行为的通知；

14.02 所有"潜在责任方"通知，第104(e)节（即42 U.S.C. 9604(e)）要求，或其他与《综合环境反应、赔偿和责任法》项下可能的责任有关的文件，不论是在现场或在场外。

15. 其他合同

15.01 限制公司业务性质或地域范围的所有合同、协议或安排；

15.02 公司与任何高级管理人员、董事（或同等人员）、证券持有人或其任何直系亲属之间的所有合同、协议或安排；

15.03 公司与管理层或关键人员之间的所有合同、协议或安排；

15.04 公司与员工或第三方之间的所有机密、保密和不披露协议以及此类协议未涵盖的任何员工名单；

15.05 高级管理人员和董事（或同等人员）的所有赔偿合同、协议
或安排；

15.06 公司与其任何子公司或关联公司之间的所有合同、协议或安排；

15.07 公司参与的所有佣金、经纪和代理合同、协议或安排；

15.08 公司参与的所有合资企业、合伙企业、企业联盟、合作及类
似合同、协议或安排；

15.09 公司任何合并、收购或资产处置相关的所有已实施的交割文
件（无论是否完成）；

15.10 公司参与的所有营销合同、协议或安排，包括销售代理、代
表、经销商、分销商、寄售、咨询、定价和广告协议；

15.11 公司参与的所有材料供应、询价、采购或销售合同、协议或安排；

15.12 公司参与的所有重大许可和特许权合同、协议或安排；

15.13 公司参与的所有政府合同、协议或安排；

15.14 公司参与的与公司证券有关的所有合同、协议或安排，包括
但不限于从属协议、暂停协议、股票期权计划、股票期权
协议的形式以及公司同意发行或登记证券所依据的协议；

15.15 与公司网站运营相关的所有合同；

15.16 规定公司总计支付或收取总额达到或超过 10000 美元的所
有其他合同、协议或安排；

15.17 公司所有其他重大合同、协议或安排。

16. 其他

16.01 与公司业务的任何部分相关的所有其他重要文件及资料，或
应由公司潜在投资人考虑及审阅的所有其他文件及资料。

何时应将所有这些数据上传到交易室

并购交易中最大的陷阱之一，就是你没有把数据准备好并让这些数据随时可用。一旦你走到了这一步，就不希望收购方放弃。不要因为没有准备好而搞砸了交易。

如果你沿着这条路走下去，要么卖掉、合并公司，要么让公司上市，或进行新一轮的大额融资。在上述任何一种情况下，你都需要交易室，所以你要花钱、花时间来创建一间。

要尽早开始。在启动尽职调查时，你需要提供的一切资料都应该准备就绪，除了有一些文件在漫长的尽职调查期间需要更新。

如果你没有准备好这些资料，往好里说，会显得你很业余；在最坏的情况下，会被视为在隐藏什么。这两种认知对收购方来说都没有吸引力，尤其是当你试图为公司获得尽可能高的价格时。

简单来说，提前开始准备交易室文件，也意味着避免更多经常会突然出现在尽职调查中的陷阱和错误。

在创建交易室时，公司经常会发现文档缺失或合同和法律文件缺失签名，可能需要额外的文档。通过这一过程，你还能更多地了解收购方的观点，并发现潜在的差距以及收购方会注意到的需要改进的地方。如果你亲自去发现这一点，并在向收购方展示你的信息之前，花点时间把事情做好，尽职调查的进展会有很大不同。

证实你的声明

不要做一些你无法支持的声明。

创建一份优质的营销和推介材料相对容易。在募集种子资金的时候，你可以向投资人做出各种承诺。你可以在广告中夸大其词，以促成销售，并希望多数人不会抱怨或要求退款。你也可以委托专人创建一份美妙的并购推销材料和退出演示文件。

在炫耀你的公司有多优秀、战略上多么匹配，以及通过合并你的公司可以实现什么目标时，可能会有一些创造性和艺术性的空间。不过，任何与公司的财务、销售、资产价值、合作关系和产品相关的情况都将受到审核。所有这些信息都必须得到证明和文件记录。

披露明细会确切列出需要提供哪些数据来支持你的声明、推销、担保和陈述，还会告诉你不需要证明什么。

如果潜在收购方看到的关键信息与你的承诺不符，你将面临更为严格的审查。

这就是为什么尽职调查和交易室是必要的。

会谈期间的注意事项

你的尽职调查过程可能全是会议。

制定参加每次会议的日程，这将确保你做好准备。你需要合理安排会议时间，以免大家觉得无聊（或者让自己避免不小心过度分享）。你会取得进展，而不只是浪费时间。与会者要知道会议中可以期待什么、探讨什么，或采取什么行动。

多听少说。建立良好的关系，让与会者有参与感，从而推动交易进展。永远记住，如果你多听少说，你会学到更多，在谈判中你的力量会增长得更快。尽量克制说话的冲动。在你必须说话之前，停下来做几个深呼吸。

如果你想努力做到客观，并拒绝受到情绪的左右，你会发现倾听要容易得多。对你的公司、公司优势和愿景充满热情是很棒的。但是，当你跟另一方在积极地会谈时，不要让任何其他的情绪表现出来。如果你不小心，这些情绪会通过你的身体语言表现（无论是面对面还是在视频会议上），在电话里会通过你的声音和语言表现。这些情绪会被对方的专业谈判人员注意到，并用来对付你，这也是让专业人士跟你一起参与会谈的另一个重要原因。

同样，在没有律师、顾问和董事会成员在场的情况下，不要过度承诺、做出决定、提供担保或畅所欲言。你付钱让他们来保护你，他们能够帮助你实现最好的可能结果，他们甚至可能拥有决策权。

管理信息流

在尽职调查期间，管理信息流动至关重要。

信息泄露或者在交易达成前就对外宣布可能会带来令人难以置信的破坏性。这些行为可能违反法律协议，甚至可能被视为欺诈，或者至少是企图操纵股票和市场。无论是泄密还是向新闻媒体提供或向收购方宣称虚假信息，代价都可能非常高昂，甚至可能让你失去自己的角色。

泄密会以多种方式影响交易。这种情况可能发生在多个层面，基于不同的原因，甚至可能纯属偶然，而且双方都可能发生。

明智的做法是控制所提供的任何信息。有些"鲨鱼"会找上门来，只是为了获取内幕消息，然后把你吃掉。通常，最好把交易室的资料准备充足。你也希望准备得足够充分，不至于拖慢交易的进度。但这并不意味着你必须一次性提供所有的文件和全部的细节。在整个过程中，你可以根据需要释放更多的信息，这不会延缓事情的进展，同时尽可能地保持数据和业务的完整性。

使用虚拟交易室软件，你可以通过创建不同的访问级别和访问区域来实现这一点。你可以通过控制对敏感文档的访问、限制它并跟踪谁访问了这些文档来牢牢地控制信息。

本书讨论的是与不同层次的团队和股东分享任何潜在的合并或收购想法的合适时机。任何其他时间都是危险的。

在潜在收购方身上寻找什么

在尽职调查阶段，你应该在潜在收购方身上寻找几个关键因素。你需要考虑的是优秀收购方和优质交易的潜在指标，而不是麻烦的或不道德的玩家试图吸引你和束缚你的指标。以下部分有助于确定你应该寻找的一些东西。

潜在收购方需要哪些信息

你要考虑的因素之一，是潜在收购方想要的信息的性质。收购方通过披露明细和其他方式，要求你提供哪些信息？收购方到底想挖掘哪些信息？这些信息是否与收购方所透露的收购你公司的目标和诉求一致？

潜在收购方在看什么数据？什么时候看

使用交易室工具，你可以清晰地看到谁访问了哪些文档、何时访问的以及访问的频率。此行为是否与收购方所说的一致？收购方公司里是否有合适的人查看合适的文件、问合适的问题，并且按有逻辑的顺序？所有这些是否与对方所陈述的愿景和意图一致？你是否看到了一些可能是危险信号的奇怪趋势？应该查看与潜在业务合并相关的数据的人员是否参与其中？或者对方只是查看了你的所有知识产权文件和客户清单，却忽略了从财务角度更适合完成交易的数据？

找借口

你还需要确保潜在收购方对这笔交易是真的感兴趣。收购方在挖掘的所有信息，是否会成为他们要求更多信息、拖延进展，或重启条款谈判的借口？还是看起来收购方真的想要完成这笔交易？

效率与诚信

具有出色跟踪功能的虚拟交易室可以让你深入了解你心仪的收购方。他们的工作效率和透明度如何？他们是否以有组织、快速和全面的方式处理日程和数据？还是他们到处宣称找不到你明知他们已经访问过的一些信息？这些问题的答案，会透露出他们的诚信状况，甚至透露更多关于交易完成后与他们合作前景的信息。

初创公司的

退出机制

机制

购买协议

15

在进行尽职调查的同时，双方还会就正式的购买协议开展工作。这才是真正的开始。

购买协议约定了交易的所有具有法律约束力的条款和条件，包括交易交割时及之后的所有细节和条件。

这个过程就是把你从收购意向书阶段（也就是说，"如果所有的数字都满足我们的预期，我们可能有兴趣买某些东西"）推进到"我们准备好签合同并完成交易了"。

这关系到很多东西，不仅仅是一大笔钱，还包括你团队的职业生涯、你的客户、你的信誉、你在投资人中的声誉，以及你在未来几年里要做出的承诺。

购买协议可能是你一生中签署的金额最大、最有影响力的文件，在你出售另一家公司之前，可能是最重要的文件。那么，你应该在这份文件中寻找什么呢？谁应该帮助你？

当然，律师会深度参与这个过程。律师很有可能会起草初始文件，尽管其中的内容比你最初想象的要更为灵活，而积极主动总是值得的。

收购方可能想准备购买协议，并将初稿发给你，尤其是那些在并购交易中活跃的收购方更是如此。

第一版的草案是真正有意义谈判的开始。你应该预见到，这个文件会出现多轮的往复和不断细化。从做好准备的角度来看，为这个过程制定策略是个好主意。

但是，仅仅因为收购方通常先提供初稿，并不意味着卖方就不能提供初稿。事实上，这样做可能有很大的好处。

当收到一份充斥着法律术语和细节的法律协议时，你在心理上会把它视为某种官方的、标准的文件。这份文件就是这样设计的，我们所有人都接受了程序化的安排。（想想保密协议、大多数贷款文档，或者所有无人阅读的臭名昭著的隐私政策。）

因此，当一方提交购买协议时，另一方立即承担责任，尽力从防御的立场对该协议进行更正、补充和协商，并在做这些事情的同时不要破坏整体的"标准"。

如果收购方先给你一份协议，作为卖方，从一开始你就要面对一场硬仗。

如果你可以从一开始就先下手为强，那么收购方就必须进行艰难的斗争，必须付出才能得到。

你只需花点小钱去准备一个模板，再投入几个小时的法律工作准备协议内容，从长远来看这可能会省下一大笔钱。

如何审核购买协议

每一笔并购交易都是独一无二的，但是，大多数重要组成部分会保持不变。

全面深入地审查你的购买协议至关重要。尽管它很有诱惑力（不管你之前买卖了多少家公司），但千万别大惊小怪。不要忽视细节，它们可以改变最终的结果。

不言而喻，所有将在这份文件上签字的决策者都应该全面审查这份文件，你的律师应该在你考虑在这份文件上签字之前仔细检查每一行。

慢慢来。不要让自己迫于压力而仓促行事。不要签署任何东西，除非你确信自己理解了其中所有的内容和含义。不停地问问题（甚至是同样的问题），直到你得到答案。愚蠢的人是那些事前不开口提问，却在事后支付高额罚款的人。

以下部分将讨论并购交易购买协议的主要组成部分。

定义

虽然你可能认为，这些定义是标准的法律术语，但是一些金融术语和定义可能会有灵活的解释，当涉及财务调整时尤其如此。请务必与你的 CFO 和律师一起仔细阅读这些内容，以便了解它们对交易和你最终收益的真正意义，以及在并购交割后它们将对你的公司产生怎样的影响。

购买价格和付款执行

你公司的最终价格是多少？收购方如何支付？是现金还是股票？部分支付款是否需要融资解决？你的公司何时得到支付款、以及收购方如何支付？

哪些调整会影响价格？为确保交易交割时公司保持一定水平的营运资金，以及资产负债表上的债务数额，价格可能要做出调整。收购方可以调整经营指标来确保在交易按预期完成时目标公司仍在按照声明的方向发展和增长。如果公司没有达到目标指标，或者业务出现严重恶化，价格可能会出现调整或更大的问题。

几乎所有的并购交易都有购买价格调整条款。在这些调整中，营运资金调整可能是最常见的。

陈述和保证

这涵盖了你作为卖方所陈述的真实情况，以及你未来可能保证的任何事情。

这些陈述和保证是收购方权衡风险和保护自己的一种方式，这就引出了下一部分——对被证明不真实声明的赔偿或补偿。

此类交易中的典型陈述包括以下因素：

- 所提供的任何财务报表的准确性
- 实物财产状况
- 是否存在任何法律责任（如诉讼、判决等）
- 员工合同的细节
- 纳税情况及金额

本节还可能涵盖披露明细，详细说明收购方何时能够获得尽职调查声明背后的所有信息。

在这里，陈述与保证的保险很重要。

赔偿

赔偿是一种在违反担保和陈述的情况下保护收购方的机制。购买协议的这一部分列出了细节，以便卖方清楚地了解情况并避免被索赔。

这些规定实际上可适用于交易交割之前及之后。在尽职调查期间和交易交割之前发现的误导性声明可能会导致收购方获得适当赔偿。收购方的保险范围也延伸到预先定义的"存续期"。

对于某些项目和某些市场条件，存续期可以是 12~24 个月或更长时间。收购方可要求在存续期内将款项存入托管账户，存入的金额是可以协商的。

这一部分还会规定可能引发索赔的最低损害金额，以及上限或最大索赔额。

注意，一些不道德的收购方在知道卖方歪曲了一些东西后，还会故意收购这家公司，然后他们会利用这一条款收回占购买价格很大比例的现金退款，这就是所谓的沙袋条款（sandbagging）。根据司法辖区的不同，如果你能证明收购方在交易交割时事先知道这个问题，这可能不重要。"反沙袋条款"可以让你避免这样的风险。

终止条款和分手费

本条款阐述了任何一方可以取消交易的条件（例如，如果收购方无法获得预期的融资，或者在此过程中违反协议或存在虚假陈述的情况）。

显然，在交易流程的这个阶段，双方都投入了大量的时间和金钱。在披露和透露数据及其他敏感信息后，大量的商誉和声誉可能面临风险。这项条款决定了在交易被任何一方取消的情况下，由谁来支付分手费以及支付多少。

交割条件

本条款列出了交易结束及付款之前必须满足的条件，可能包括监管机构的批准、披露、转让、债务清偿、验证、股东批准和资产所有权证明等。

承诺事项

本条款主要规定交易过程中各方必须采取或不得采取的行动。其中最明显的一点是，卖方将继续本着诚信经营的原则，尽一切努力保持业务的运行和增长。这项条款还可以涵盖诸如招致更多债务或解雇关键员工等可能会影响价值的问题。

要注意的条款和条件

在整个购买协议中，你需要理解很多的条款和条件。下面将探讨一些最常见和最重要的条款。

管辖权

购买协议及任何争议受什么法律管辖？某些地域对收购方的态度要比其他地域更为友好，在某些条款上可能会温和地支持某种方式，比如反对或支持沙袋条款。

股票置换比率

如果你的公司是被新的母公司全部或部分收购，置换比率是多少？从现在到交易交割，要考虑最有可能的股价走势以及这种走势对净收益的影响。

资产购买

如果你的交易是以资产购买的形式进行，那么你应该把包括在内的所有资产都详细地列出清单，并进行盘点。如果不在清单上，资产就不会转移。另外，一定要注意任何强制回购条款，这些条款可能要求你回购不必要或损坏的存货。

基于业绩表现的额外对价

如果部分购买价格被推迟支付或者是基于业绩表现来支付，具体细节是什么？你还要等多久？你需要维持什么样的业绩指标？包括哪些里程碑？协议中有哪些条款将帮助或阻碍你满足这些支付要求？

要确保这些基于业绩表现的额外对价并非完全无法得到。保守一点，必要时予以反击。收购方会尽可能将更高比例的金额作为基于业绩表现的额外对价，因为这样可以降低实际交易中的风险。

明示不依赖

明示不依赖或"无其他陈述"，是插入保证卖方免受协议中未明确包含的假设或任何其他因素影响的措辞。此条款表示收购方对自己的尽职调查负有全部责任。除本部分特别列出的内容外，你不做任何其他陈述或保证。

不招揽与招揽条款

在此期间，你会被禁止向其他潜在收购方推销你的公司吗？还是会被允许？作为卖方，你最好利用这个机会推销你的公司，避免错过其他潜在收购方，这有助于你争取更高的报价。不过要注意的是，签署协议后，如果你跳单了，分手费可能会吃掉你收到的任何更高报价的相当大一部分。与此同时，收购方可能想锁定你，防止你去招揽其他报价。

疫情与传染病例外情况

大多数类型的合同都规定了对重大不利影响留出例外的条款，比如战争、恐怖主义行为、自然灾害和天灾等。新冠疫情之后，预期流行病和疫情的文字将被特别包括在内，因为这些事件可能会被认为不属于其他或标准的例外情况。

典型的购买协议大纲

购买协议通常有相当标准的组织和结构。下面的大纲描述了标准购买协议中的内容。

1. 购买及出售的资产

1.1 资产买卖

1.2 排除的资产

1.3 承担的负债

1.4 排除的责任

1.5 购买价格

2. 卖方的陈述和保证

2.1 组织和权力

2.2 签署和履行协议的权力

2.3 不违反

2.4 资本结构；子公司

2.5 所购资产的所有权

2.6 财务报表

2.7 遵守合规性

2.8 税务事项

2.9 有形个人财产

2.10 不动产

2.11 知识产权

2.12 合同

2.13 员工

律师与购买协议

律师是交易中人人都讨厌的参与者。在情感上，他们通常与汽车销售员、房地产经纪人和会计师相提并论。

你唯一爱他们的时候，是他们为你省钱的时候。在你一生中的某个时刻，一位律师可能会为你增加很多价值，帮你省下几百万美元，以及缓解无数的压力。

当然，律师会因为其贡献而得到丰厚的报酬，但是如果你知道如何管理好律师、如何聘用好律师，这个人将被证明是无价的。

以下是律师在这个过程中增加价值的一些方法：

- 帮助你了解可以创造最佳结果的条款和谈判要点
- 发现被低估的资产及策略
- 节省大量时间
- 在谈判中提供有价值的第三方缓冲（扮演红脸、白脸）
- 确定法律和财务责任的范围以及防范这些责任的方法
- 提出一些你不知道的假设问题
- 要求另一方对其在协议中的职责负责
- 重新谈判条款
- 如果需要，协商最佳分手方式

选择合适的并购律师

当你为交易选择合适的并购律师时，有很多事情应该关注。

经验匹配

律师事务所是否有合适的经验？考虑这一点，不仅要考虑律所成功处理和完成的并购业务的时间或交易的数量，还要考虑你这笔交易的金额范围和所在领域。

比如，这家律所是否专门从事 1000 万 ~1 亿美元的传统企业的交易？还是超过 1 亿美元的软件创业公司的交易？如果他们知道收购方的并购策略，给他们额外加分。这种经验会让一切变得不同。

全球与本地

如果你有一家总部位于纽约的初创公司，要卖给一家总部位于纽约的企业，那么与一家了解市场和竞争环境的本地律师事务所合作不失为一条出路。但是，如果你有国际投资人，或者你要把公司卖给一家全球性的大型企业集团，你可能需要一家拥有全球专业知识的律所，这家律所必须了解这些司法辖区之间文化和文件工作的细微差别。

物有所值

负责这些交易的律师的佣金都不会便宜。就像创业公司里的每一个角色一样，你会尽可能地聘用最好的员工。看看你能期望获得的回报，以及评估更有经验的专家的效率。不要纠结于律师的小时费率。看看总成本，并对比选择便宜的律师可能让你付出的代价。

利益一致

理念上的一致远比小时费率或律所的名字更重要。你一定不希望聘用的律师只会跟你讲你想听的东西。你需要一个诚实的人。你需要的是在如何最佳利用时间和金钱方面与你拥有相同思维模式的人，并且知道什么时候应该采取强硬的手段，而不是仅仅完成任务然后继续前进。

带宽和优先级

这位律师和这家律所真的有时间为你服务吗？在他们的客户中，你处在什么样的优先级别？

知名的律师和律所可能有其优势，但如果你是他们最小的客户，而且他们正忙于代表甲骨文公司、优步公司和谷歌公司，情况就不一定了。找一家不那么出名（但同样有能力）的律所会更有利吗？如果你是他们的年度最大客户，你可以想象他们在关注度和服务上的差异。

你们的时间线是否有任何冲突？你的律师会因为一桩可能将他困住几个月的大案而前往其他州吗？你的律师在计划度假、生孩子，还是在为退休倒计时？

与法律顾问打交道

律师事务所已经变得越来越像特许经营店和房地产经纪人。你看到律师的招牌，听到广播广告对其的宣传。如果你真的很幸运，可能会跟那位大名鼎鼎的人物聊上五分钟。他们会向你保证，会为你提供法律保护，但你稍后可能会发现，在你交出大笔律师费之后，你的案子已经移交给了一名资历较浅的员工。你要确保你问了正确的问题，并且了解具体负责为你提供帮助的人。

不言而喻，在购买协议阶段，你不应该直接与收购方或收购方的法律团队沟通（至少在你的代表不在场的情况下）。这是你付钱给法律团队的很大一部分原因。

你不仅要有自己的并购法律团队，还要有公司的总法律顾问和自己的私人律师。

并购律师专注于交易。他们将自己的专业知识用于确定购买协议和交易交割。然后，他们的工作就差不多完成了。

在此之后，你公司的总法律顾问可能会参与整合和所有交易交割后的问题。如果你与并购团队有问题，也可以去咨询他们。

你可能会向私人律师咨询你在这个过程中的义务和风险，同时确保你的权利得到保护。

所有这些法律专业人士都可能有助于打破与对方法律团队的僵局。注意你的预算。不要吝啬于法律帮助，但要确保你在法律费用中找到一个平衡点。了解他们的角色、动机、优先事项、兴趣和心态，并且知道何时需要拉拢他们，让他们协助完成交易。

初创公司的退出机制

16

战略收购与财务收购

并非所有的并购都一样。买方想要收购你的公司，可能有非常不同的原因。这些原因可能会对以下事情产生重大影响：

- 你的公司对他们来说有什么价值
- 他们对尽职调查的期望是什么
- 哪些因素重要或不重要
- 有待争取的条款
- 过渡

就像销售任何产品一样，你对买方群体和其中每一个买方了解得越多，就越能更好地调整自己的推销策略，你的谈判能力也就越强。

不同类型的收购

谈到收购，通常可以从两个不同的角度来考虑：财务角度或战略角度。

财务收购

财务型买方把收购行为视为购买金融资产，即现金流或投资资本回报。收购企业是他们的业务和投资形式。他们的报价可能更为保守。他们更有可能在更长一段时间内保留现有的管理团队，只要运营指标能实现。财务型买方可能更倾向于使用融资和债务来收购你的公司。此类交易更有可能发生在公司生命周期的后期，而且此类收购的主要参与者大多是私募股权投资机构。

请记住，如果你的初创公司的年收入低于 500 万美元，财务收购可能不是一个很好的选项，因为你的收入将低于潜在收购方的预期。

战略收购

当一家公司想收购另一家公司时，可能会有各种各样的战略考虑。这些买方通常已经以某种方式进入了你所在的领域，或者希望进入。他们可能希望拥有并独立运营你的公司，或者吸收合并你的公司进入母公司。他们的报价可能更为激进，你公司的管理层更有可能被替换掉，至少在未来三年内会被替换掉。除了现金，战略型买方通常会以他们公司的股票来支付，或两者结合。战略收购的时间点可能比财务收购要早得多。

战略收购的理由

收购交易的财务理由是相对明确的，但战略理由更加多样和微妙。下面将探讨进行战略收购的一些理由。

增长

如今，增长成了公司生死存亡的关键。有时候，购买增长比创建增长更容易实现。并购可能是为了获得用户、收入，甚至是利润。以 Facebook 收购 Instagram 和 WhatsApp 为例，大家普遍认为，Facebook 作为一个社交网络，其发展停滞不前，用户活跃度甚至在下降，至少在美国是这样。尽管他们收购另外两个社交网络支付了巨额费用，但带来了至关重要的增长和相关性，并为母公司提供了支撑。

整合

对于创业公司来说，在预期 IPO 之前收购其他初创公司或被收购，通过这种方式来扩大自己市场领域的情况并不少见。

竞争优势

一旦初创公司验证了一个新市场或一款新产品，他们就可能面临比自己大得多的竞争对手。通过合并，他们可以变得更加强大，更难被打败或倒闭。

扩大对供应链的控制

公司迟早会发现，控制本行业更多的供应链环节会带来明显的优势。这可能是为了成本优势和利润，或对质量、客户体验和发展速度的控制。想想亚马逊放弃与其他快递服务提供商的交易，转而在当地提供更多的厢式货车来配送。这一条也适用于制造、原材料采购、分销和销售。

法律法规

在高度监管的行业，获得某些类型的许可证可能需要数年时间。有些许可证甚至极为有限，或者只能在特定时间通过投标获得。想想对于保险、银行或者大麻零售领域的许可证，每个州的规则可能不同。收购已经获得许可证的公司可能会更快，效率也高得多。

进入新地域的市场

为了继续增长，很多公司需要在地理区域上拓展新市场。这不仅仅是用谷歌翻译把你的网站变成一种新的语言。新地域可能存在巨大的文化差异和需要多年时间才能认识到细微差别。收购那些已经存在、懂当地语言、有关系而且有业务发展空间的现有公司，可以带来更高的利润和更低的风险。

购买与打造新产品和新技术

大公司不擅长创新。对他们来说，相比于简单地购买初创公司已经证明有效的产品，测试和开发新产品要慢得多，成本也高得多。

规模经济

合并公司可以获得规模经济效益。双方都可以从降低成本、提高效率中获益，进而提高盈利能力。

品牌宣传

一些小公司可能拥有比大的收购方更强的品牌。迅速获得消费者认可和喜爱的品牌，可以成为大公司宣传的绝佳渠道。Skype 就是一个例子。虽然这笔交易被定位为人才收购，但它可能给微软带来了一个通信品牌，对很多用户来说，这个品牌比微软试图开发自己的产品品牌更有吸引力。

人才收购

对于大公司来说，人才收购是获得人才、确保拥有业内或特定领域最佳团队的常见方式。如果你的团队真的很优秀，他们就不愿意跟你竞争，也绝对不愿意看到你为他们的竞争对手工作。鉴于一些公司在招聘、聘用和入职方面花费了大量资金，而且不能保证一定会成功，收购可能是一个简化的解决方案。

消除竞争

在某些情况下，并购是为了消除竞争。如果你有一个强大的法律团队，起诉你的公司、让你面对诉讼的成本会更高，或者试图把你挤出市场会造成巨大的资本风险，那么把你的公司买下可能比跟你竞争更有意义。买方可以保留这些资源，并在其他领域进行扩张。

如何知道驱动收购方动机的因素

你如何知道是什么在驱动买方收购你的公司，或参与这一流程？

在某些情况下，理由应该相对显而易见，不过你也要警惕那些无良的玩家，他们可能只是想窥视你的公司，或者让你疲于奔命。对他们的驱动因素和动机了解得越多，你在展示和推销你的公司时就越主动，你就越能策略性地谈判，以保留你想要的东西，并为你愿意放弃的部分获得更好的价值和条件。

举例来说，如果你知道他们只是想要你公司某项特定的技术，那么你就可以排除并保留你认为实际上更有价值的某个产品或知识产权，然后继续专注于打造它。对他们来说这可能没有太大差别，但对你来说却是几百万的差距。或者，如果时间对他们和他们的计划至关重要，那么同意更快地交易交割可以作为讨价还价的筹码，你可以合理要求在交易中获得更多的股票。

考虑买方是哪种类型的组织

要判断买方兴趣的驱动因素，最明显的一个特征是买方属于哪种类型的实体，比如私募股权投资机构、对冲基金或家庭办公室，这可能表明该机构是财务型买方。

或者买方是一家大型全球性企业、你所在领域的现有运营商、合作伙伴或客户，这或许表明该公司是一家战略型买方。如果是谷歌、IBM、甲骨文、思科或VMware，它们可能会关注你的技术。

询问

问问自己：为什么买方对收购你的公司感兴趣？买方公司的使命和愿景是什么？这笔交易如何融入其中？买方认为控股你或者合并你的公司有哪些好处？就像在融资时一样，早期在与投资人交流时，要问清楚他们向其主管领导汇报及在其公司内部推销这笔交易时，要汇报的主题是什么。

他们在询问和关注的是什么

多听少说。并购团队成员在问什么问题？他们重点关注你公司的什么方面？哪些指标、数据、运营或技术信息是他们最感兴趣的？你问他们的时候，他们的回答有没有跑题？

还有什么因素可能是他们尚未透露的驱动力？对于如何处理公司部分业务的某些声明，他们有什么反应？

他们的过往记录

这家公司在谈判和并购交易方面的记录如何？该公司是否是一家善于完成交易、高度活跃的收购方？还是说，这家公司在这方面是毫无经验的，还没有一个有组织的流程？

如果该公司一直在收购其他公司，这些交易的公开目的是什么？收购后的情况如何？这些被收购的公司是否成为单独的业务单元？还是遭到分解，取出技术，把剩下的当作废品？收购方有没有留住创始人和关键团队成员？是否经常迅速转售或关闭被收购的公司？

就像潜在投资人在评估和审查你的公司时一样，为了获得内幕消息，跟以前与公司打过交道的人交流是明智之举。跟其他曾经与他们"共舞"过的人聊聊。如果交易没有完成，原因何在？如果目标公司拒绝了这家买方的高额报价，那创始人和董事会为什么要选择拒绝？

在你的潜在买方收购过的公司中，创始人觉得买方在前期的透明度方面做得怎么样？尽职调查的过程是什么样的？买方在交易交割后信守承诺吗？合并后到底是什么感觉？当双方开始整合时，初创公司发生了什么？

业务进展如何

一些一般性的研究也可能暗示了一些买方的动机。媒体上出现了哪些跟这家买方公司有关的新闻？有没有 IPO 的传闻？它最近是否获得了规模可观的多轮投资，并获得了大量现金用于支出和运营？它最近一轮融资是什么时候？谁参与了，他们的共同战略是什么？

该公司是否明显面临增长挑战，或在技术或某些细分市场出现了竞争对手？公司是否面临快速赶上的压力？

最近市场、市场的未来预测、经济以及经营方式是否发生了重大变化？Crunchbase、LinkedIn 和 Glassdoor 等网站也可能提供一些有趣的见解，比如最近的招聘、公司的发展方向、业绩预告的评论以及现有员工或者已经停止招聘的职位。

为什么收入在战略收购中退居次要地位

买方类型及其动机的不同，会极大地影响他们认为重要的东西，以及你应该重点改进和展示什么。

就财务收购而言，买方主要关注的是收入、现金流和盈利能力。

特别是在杠杆收购的情况下，买方必须确保有足够的收入来偿还债务。买方需要一个最低回报，尽管之后可以在业绩上有所改善。买方看的是公司的价值。

就战略收购而言，关注的优先顺序大相径庭。当 Facebook 以 220 亿美元收购 WhatsApp 时，WhatsApp 的收入模式是每次下载仅 1 美元。Facebook 取消了这种订阅模式，而选择对个人用户免费。最重要的是，现在数据显得最有价值。

战略收购的目标，可能是那些完全没有收入或者收入和利润非常微薄的公司。更重要的是，战略收购方一旦控制了公司、人员、产品和技术，他们能做些什么，以及目标公司能为其现有业务做些什么。

买方也许能把一家零收入的公司变成价值数十亿美元的实体，几乎不需要花什么时间。或者，他可以让用户基础瞬间翻倍，消除成本和竞争，从而显著提高母公司的盈利能力。买方甚至可能认为，此举对自身生存至关重要。

虽然他们说公司是被收购的，而不是被出售的，但你的公司肯定可以做很多事情来让收购变得更有吸引力和有必要，并最大化可感知价值和潜在价值。通过了解买方的驱动因素，你可以对并购进行建模，并做出正确的预测，展示并购和交易在正确的情况下对买方的价值。

尽管对于某些特定的买方来说，有很多其他更为重要的因素，但这并非意味着你不应该去打造一家拥有强劲收入和现金流的盈利公司。

初创公司的退出机制

17

————

扼杀交易的方式

根据贝克·麦肯锡（Baker McKenzie）发表的一项研究[⊖]，83% 的收购失败主要是由于人的问题，实际上，是买卖双方在达成交易时没有考虑到文化的重要性。

但在并购进程中，还有其他一些常见的陷阱需要注意，我们将在本章中详细介绍。作为创业者和公司的经营者，你都会希望避免给收购方退出交易的理由。

一定要提前考虑这些因素，为此所有额外的工作、分心和压力都是值得的。

不尊重收购方

考虑到并购交易中所涉及的一切，你应该找到一家你喜欢、信任和尊重的收购方。

这可能很难，可能无法完全做到。毕竟，收购方的工作就是向你推销。不过，如果你想确信收购方会兑现承诺，照顾好你的团队，为你的公司和产品制订计划，并且真的尽最大努力来兑现承诺，那么花

⊖ http://www.bakermckenzie.com/-/media/files/professional/employment/the-future-of-work-series-business-transformations-report.pdf?la=en

时间提前了解他们是值得的。

因此，当你开始与收购方"共舞"时，一定要尊重他们。即使在这个层面上，也是与人相关。人可能会情绪化，大多数人都不会容忍你不尊重他们的时间、职位和团队成员。你不会愿意跟这样的商业伙伴一起工作，其他人也是一样。如果没有尊重，不要指望任何其他东西能让交易成功。请确保执行以下操作：

- 准时出席会议
- 按照你说的去做
- 不要在背后说收购方的坏话
- 对团队成员要有礼貌
- 谈判时要文明
- 不要让他们看起来很糟糕

不断变化和提新需求

你可以预期大多数收购方都会发生一些变化，提出新的要求，并试图在整个过程中就交易的各个部分重新谈判。但这并不意味着你应该做同样的事情，或者他们会容忍你试图重新谈判条款，并在此过程中提出新的要求。不幸的是，跟创业的每个环节一样，是由那些手上握着资金的人制定规则。

这种情况通常只发生在你的团队变得贪婪，或者你完全忽略了一些事情的时候。

要避免这种诱惑，最好的办法就是确保让你的团队参与进来，并且非常清楚你想要什么和需要什么。

在接受一笔交易之前要慢慢来。明确自己想要的结果：

- 价格
- 给投资人的回报倍数
- 技术、知识产权和其他资产的转移
- 给你的团队成员的东西
- 时机
- 你未来从事其他事情的自由

仔细考虑你在这些事情上的立场。确保留有重新谈判的余地。当收购方想要改变一些事情，使之更有利于他们时，你已经知道如何取舍，而且仍然能够得到你真正想要的底线交易。

团队缺乏承诺

你的团队可以通过各种方式扼杀这笔交易。

董事会：投票权

如果你的董事会和其他有投票权的人不同意这笔交易，他们可以很容易破坏它。

这种情况之所以会出现，是因为他们开始变得贪婪，而且认为他们个人从这笔交易中获得的收益不够多。他们可能认为，如果再过几年退出，就可以得到更多。

如果你们相处得不好，这可能只是私人恩怨。或者，作为投资人，他们可能有其他商业原因来阻止交易。有些人可能不认可收购方的愿景，也不同意收购方想要对公司做的事情。

要避免这种情况的出现，你要确保优先与投资人以及通过各轮融资和招聘获得股份和投票权的其他人保持一致。要明确定位，并不断地重申和确保每个人在价值观、使命和大愿景方面保持一致。

做好这一点，你们之间出现分歧、无法就退出或收购达成一致的可能性就会小得多。人是会变的，但是你可以想象，如果你不着手做到这一点，仅仅为了追求自我和金钱而把他们引入进来，结果会有多大的问题。

联合创始人和高管团队

在这个过程中，你将非常依赖联合创始人和高管团队。他们可能几乎每天都在与另一方的收购团队进行交流。

如果你的团队不接受交易方案，他们可以有很多方法把它搞砸。如果他们没有全力以赴，那么他们对待对方团队的方式，他们透露的信息，他们谈论你的公司和其他团队成员的方式，以及他们在这个过程中帮助或放弃的做法，都会破坏这笔交易。

如果你们不是一个有凝聚力的团队，并且为了达成交易而工作，那么你可能需要平息事端，利用你的战略销售技能，让每个人重新关注最初的愿景、什么才是真正重要的，以及现在对公司来说最好的举措。

如何与员工和客户沟通

将公司潜在的收购或合并交易过早地告诉员工和客户，影响可能会比你想象的更大。

一方面，你可能已经接受要与团队一起打造一家完全透明的创业公司。你可能已经分享了一切，从公司几乎无法支付工资的那几个星期，到离破产只有几个星期的事实。一路走来，你可能与团队成员分享了各种各样的个人时刻。

不过，有些人建议，不到最后一刻，你应该避免将有关潜在并购交易的事情告诉你的员工。这或多或少是可行的，取决于你的公司和组织有多大。如果你在家里工作，或者你的大部分团队成员都在数千英里之外的另一个国家，这个问题就容易处理得多。如果你们在同一个地方的办公室，而新来的同事对任何事情都要插手，那就困难很多。有些卖方可能会在交易完成的当天和正式收购完成后才向更多的员工透露。有些卖方被迫提前告诉一些员工，因为收购方想要跟他们面谈。

即使交易没有完成，员工过早地知道潜在的并购交易也可能给你的公司造成各种破坏。要真正预见和理解员工的反应，你必须设身处地为他们着想——不是你认为他们应该怎样从你的角度看待这件事，而是他们如何才能真正从自己的立场看待这件事。

有很多在并购交易中关于员工遭遇的恐怖故事。他们将面临很多的不确定性。如果交易的信息不是来自于你，他们会有更多的疑虑和担忧。

最大的担忧之一，是他们是否还有工作，是否有能力支付房租和养家糊口。他们是否会得到新工作或新职位的保证？他们将向谁汇报？他们的奖金、医疗福利、额外津贴、儿童保育、退休计划和其他类型的补偿会发生什么变化？突然之间，他们的头脑会被这些不可动摇的想法所吞噬。这可能会极大地分散他们的注意力，并会影响他们的工作能力，而你此时需要所有人都处于最佳状态、发挥最好表现，并做出好的决定。

谣言可能会传播开来，说另一家公司的人不是非常适合共事。也许你的某个团队成员曾经跟他们一起工作过，他会告诉其他人情况将会有多么糟糕。这会导致士气低落、冷漠和旷工。这些事情会像传染病一样，在队伍中迅速传播。

这不仅可能导致生产率降低，还可能导致日常工作中的错误，以及员工对其他团队成员、供应商和客户的无礼，在电话或会议中，不妥当的话可能会泄露出去。

即使在最好的情况下，你的团队能获得新的工作合同、同样水平的薪酬待遇和职务，你也不太可能与一家企业文化和经营理念完全相同的公司合并。因此，现在你的员工面临的前景是，离开一个紧密团结的团队和令人兴奋的、他们能够产生影响力的创业文化，并迅速走向可能相反的方向。现在怎么办？

不幸的是，大多数关于收购的负面信息都是针对初创公司员工的，而且是以一种促使他们采取防御性离场的方式呈现出来。他们被警告说，在交易中没有人关心他们。

如果员工拥有股份，可能会要求他们去找一个自己的律师。这也可能导致员工向潜在收购方和新基金兜售自己的股份。

对员工来说，一种可能的下意识反应，是开始给招聘人员打电话、在网上大量投递简历，寻找新工作。这不仅可能对这笔交易和公司发出错误的信号，而且可能导致竞争对手在你最不利的时刻你挖走公司一些最优秀的人才。

所有这些事情都会在你与团队之间产生摩擦。它可能会破坏让交易达成的凝聚力，导致你们之间产生隔阂，甚至可能损害交易机会。如果交易不能达成，那么团队可能会一团糟，你的处境可能会比刚开始谈判时更糟糕。

如果客户和供应商在这个过程中受到不公正对待，也会产生负面影响。他们可能会选择那些竭尽全力想以优质服务赢得业务的竞争对手。他们可能会质疑，在这笔交易完成之后，双方的关系是否还会是他们真正想要和需要的。

显然，现在不是你希望获取客户、收入或运营放缓的时候，也不是你不得不花费更多个人时间来修复受损关系的时候。这在很大程度上取决于你，取决于你如何安排正在发生的和接下来的事情，取决于你是否为员工争取到了新的聘用协议，以及你如何帮助他们与收购方接触和相处。

在此期间，每个人都会对你如何以身作则做出反应。你是否还跟上个月一样早早出现，照顾好你的团队，并制订同样的增长计划？或者你已经改变和调整了模式？你给员工施加的压力是否超过了以往任何时候，以提高运营数据，通过鼓励他们掩饰一些问题、牺牲公司的价值，以使公司看起来比实际情况更好，然后整日喋喋不休地吹嘘这笔交易能让你赚到多少钱？（虽然少数员工可能会拿到一小部分钱，但其他人会失业吗？）

理想情况下，你要从一开始就考虑到这一时刻，至少从你开始融资和接受外部投资的那一刻开始。你不断重复的公司的愿景、使命、价值观和文化，其中一部分可能包含对这一阶段的期待，以及对所有相关人员的最佳结果。

提前做好准备。设定预期值。让团队知道，虽然你不能承诺任何事情，但你会寻找一家非常匹配的收购方，对方认同公司的使命和愿景，拥有相同的价值观，并且会为尽可能多的团队成员创造最好的结果。

如果你已经做好了充分的准备，并且考虑到了公司员工的需求，当你真的做到这一步，一切都会变得更加顺利。

隐瞒信息

在并购中，隐瞒重要信息可能是一个非常严重的问题。我见过很多交易因为这个原因失败。作为卖方，你要保证自己对公司做的所有陈述都是真实和准确的。

遗漏的信息如果可能改变公司的经营数据或未来收购方的价值（即使只是从他们的角度来看），就可能会带来严重的法律和财务问题，至少会导致交易中途重新谈判。

收购方将聘用审计师、会计师和研究人员来验证和审查一切，就像你面对这么多的现金，需要对股东和投资人承担同样的法律责任一样。

所以如果你遗漏了什么，他们会发现的。你可以想象这会如何导致他们不信任你，并希望深入调查，并且不断调查。更好的办法是事先把所有的瑕疵都摆在桌面上。这会为你节省很多时间和困扰。

以下是收购方发现未披露信息的一些常见领域。

债务

任何现有的贷款、判决或其他信贷都需要披露。以上这些显然可以改变交易的价值。不要遗漏任何你一直在申请或谈判的新债务。即使是最后一刻发放的新贷款也可能是个问题。

所有权

谁是公司的所有者？一共有多少人？承诺了多少的股票期权？收购方想知道自己在跟谁做生意，还有谁拥有权利。

会计和税务问题

很多年轻的初创公司并不是很关注会计和税务问题。在自力更生创业的早期对你有用的东西，在有其他股东参与或者公司准备 IPO 的时候，是行不通的。

法律问题

公司是否有任何未决诉讼或法律和解？监管机构有什么问题吗？什么样的知识产权是真正备案和拥有的（而不是借来的），或者哪些知识产权有潜在的版权问题？

或有负债

所有的或有债务都需要披露，在这个过程中，你不应该承担新的或有债务，这会让情况变得复杂。或有负债可能包括员工雇佣合同、租赁及其他财务承诺及运营。

人员和客户

你是否正在失去有望成为交易一部分的客户，或公司认为已经加入的团队成员？

避免交易失败的一个好方法，就是始终保持谦虚态度，在整个过程中恪守诚信，并且始终与公司的利益相关方保持沟通，这样就不会出现意外。

初创公司的退出机制

18

法律问题

在出售公司时，你应该注意哪些法律方面的问题？

在退出谈判时，有很多法律上的问题需要考虑。你需要清楚自己面临的潜在风险和障碍，以及收购方需要承担哪些责任。此外，还要考虑如何降低这些风险，以及经验丰富的收购方和投资银行家会要求你做哪些调整。

以下是并购时最常见的一些法律问题和关注点。

法规和监管机构

对任何可能扼杀交易的监管问题保持高度警惕。这些问题可能是大且明显的垄断和反垄断问题，也可能是特定行业的许可问题。房地产、保险、医疗保健和通信公司等领域可能特别容易受到监管。要确保公司所有权的变更，尤其是跨州的变更，不会引发法律问题，导致交易在最后一刻告吹。

尽职调查和承担责任

一般来说，收购方在完成交易时将承担目标公司的法律风险和责任。

这是尽职调查如此烦琐、耗时且痛苦的原因之一。收购方希望弄清楚自己可能面临的风险、成本以及未来的或有负债。

具体来说，包括任何不合规的问题或未决诉讼。收购方甚至会考虑那些可能成为法律问题或重大业务问题的可疑做法，比如数据共享。

知识产权

在并购交易中，知识产权可能是最重要和最有价值的资产之一。收购方可能想确切知道公司哪些知识产权已经注册并得到保护，以及如何进行保护。

营运资金

你要确保公司在交易交割后有足够的营运资金，尤其是存在基于业绩表现的额外对价和资金托管的情况下，你需要在未来几年实现特定的业绩。收购方应该也希望如此，除非他们计划解散公司。通过财务调整，来满足这些资本和现金流需求。

第三方托管

收购方可能要求将高达 10%~20% 的购买价格交由第三方托管。这是为了保护他们避免不可预见的法律责任及费用，或者被你公司潜在的虚假陈述所误导。这笔资金的托管期为 12~24 个月甚至更长时间。

合同

你公司的大部分价值可能与合同有关，例如销售合同和订阅，或者与供应商和经销商的重要合同。收购方需要审查这些合同的存续期，以及任何可能降低合同价值和预期公司价值的条款。

保证和赔偿

你不仅需要承诺在提供的文件中完全讲真话，阐述准确的事实，还要详细说明你和收购方在未来的诉讼和索赔中得到的赔偿。

股东批准

股东批准可能是一个法律问题。了解你公司股份的投票权和权力结构，了解你公司的司法辖区关于投票的法律，以及什么是多数。收购公司还可能设置更高的股东批准门槛，以最大限度地减少以后的法律挑战，或尽量减少在支付巨大成本和披露信息后的风险。（阈值可能高达90%，甚至100%。）你最好尽早了解这些信息，以便判断这笔交易需要的决策强度。

竞业禁止和不招揽协议

交易交割后，你和团队可能会受到竞业禁止和不招揽协议的约束。收购方不希望你把这家公司甩给他们，然后用获得的收益再打造一个更好的、针对同样问题的解决方案，或者挖走他们的员工。你也许可以通过谈判去掉这些条款，但通常情况下，可以谈的只是这些条款的松紧程度和期限问题。

股票购买与资产购买

出售公司时，在法律和财务上可采取几种结构。

可以是全现金交易，也可以是股票交换。公司整体及部分的合法转让和支付也有多种方式。不同的支付方式会有什么影响或副作用？哪种支付方式对你最好？

现金交易

根据《哈佛商业评论》[⊖] 的说法，对你的公司来说，这两种支付方式的最大区别是承担风险不同。全现金交易就意味着你出局了，你拿到了收益。无论接下来发生什么，都不会真正影响你的个人财务状况。尽管你可能不再对公司中发生的任何事情有任何发言权，但你拿到了属于你的钱。当然，这种情况对收购方来说风险要大得多。所有的风险都由他们和他们的股东承担。这显然会影响报价。对他们来说，风险越低，他们就越愿意支付。在股票交易中，你要分担风险。如果并购拉低了买方公司的股价，那么你的钱包肯定能感觉到，反之亦然。

股票购买

股票购买有两种方式。你可能会得到新收购的公司或收购其资产的合并公司的股票（股权）。

资产购买

典型的股票或现金购买的替代方案是结构性资产购买。严格来说，他们并没有买下整家公司或其全部股份。他们是从公司那里购买部分精选的资产。这可能是一项更为简化的交易，意味着需要更少的尽职

⊖ https://HBR.org/1999/11/stock-or-cash-the-trade-offs-for-buyers-and-sellers-in-mergers-and-acquisitions

调查，不需要小股东的批准，以及更快地完成交割。收购方也可能获益于少得多的或有负债。

固定价值与固定股份

当收购方向你提议以股票方式购买时，至关重要的一点是区分所获得的是固定价值的股票还是固定数量的股票。股票价值会随着时间的推移而波动，可能会对净收益产生巨大影响。这可能是一笔意外之财，也可能会导致巨大的失望。值得一提的是，一家公司的股价是否会因为并购消息而上涨，还是会暴跌。要展望未来。在不久的将来，股市的整体走向会是什么样的？

你的股票会被锁定多久？你什么时候能在市场上清盘那部分股票？你把握股市时机的能力如何？股票的未来价值不仅仅取决于你原来的公司或收购方公司的业绩。股票的价格有时会剧烈震荡，涨跌更多地取决于市场情绪，而不是基本面。仔细考虑这一点，并思考如果你接受对方以股票支付，如何为自己的风险定价。

交割后基于业绩的额外对价

为了平衡双方的风险和价格，买方通常会将一定百分比的购买价格进行托管，需要通过一段时间的业绩来赚取或释放——这不仅是为了涵盖不可预见的法律责任，也是在交易结束后几年内实现和保持关键业绩的指标和里程碑。你可能会、也可能不会留在公司，并发挥领导作用来保证实现这个目标。一定要确保在法律文件上清楚地列出了你将拥有什么样的资源和控制权。

并购趋势

你将获得现金还是股票，以及报价的结构如何，这在很大程度上取决于一段时间内市场不断变化的趋势。如果当下利率较低，资金也很便宜，那么收购方筹集资金以现金收购目标公司就会更有意义。当公司手头有大量现金时，情况也是如此。在经济下行阶段，现金要珍贵得多，而股票支付将主导并购市场。如果你真的倾向于其中一种方式，那就观察这些趋势并看准时机。

税收

如果在协议条款和税收方面你要付出的代价很大，那么整体价格就没什么意义了。关键在于你能留下什么，这才是最重要的，至少在计算退出时的现金、利润和收益时是如此。

不同的交易结构会对税收征收方式产生重大影响。就像中了彩票一样，现金通常会招来美国国税局的大额税单。你可能很容易就失去30%、50%，甚至更多。股票和分期支付交易可以分散收益，以及你在一年内的现金收入记录。这肯定有助于降低税收风险，尤其是与其他明智的多年期税收策略相结合的时候。

税收也会随着时间而变化。选举和政治权力的重大转移有时会在税率、适用的税种以及可以利用的避税方法方面引发巨大变化。记住这一点，并在完成交易时评估这对你的净收益意味着什么。

不要低估一位优秀的注册会计师和税务专家的价值。在做任何假设之前，一定要针对你的独特情况获得个性化的建议。

交易交割后的公司业绩

如果公司在出售或合并后继续履行原来的使命，公司和团队继续蓬勃发展对你很重要，那么交易结构和支付方式可能是重要的信号。

如果收购方支付了宝贵的现金或通过大量借贷来收购你的公司，

他们是否会更有动力投入工作，让你的公司快速发展？如果他们只是购买了你的资产，或者没有在书面文件中承诺为公司的长期发展投入足够的资源，他们是否更有可能将公司拆分？

如果他们失败了或最终陷入财务困境，可能会出现什么法律问题？他们可能给你和你的联合创始人带来什么样的或有负债？

你与谈判桌对面的人之间的个人关系、工作文化、愿景和价值观的协同效应，都会在未来的业绩和法律问题中发挥作用。但就像任何合作关系一样，提前以书面形式解决这些法律问题也是值得的。约定争议将在哪个司法辖区处理，有哪些解决方案。

购买未注册成立的公司

在出售一家年轻的初创公司时，可能会出现各种无法预见的小问题。其中很多问题集中在公司章程和初始股份上。

没有成立公司

由于担心一些小细节，有些联合创始人会花很长时间来讨论、注册公司和启动业务。有些创业者要么匆匆忙忙，要么过于自信，仓促推进，有的人没有注册公司，有的只是简单花几分钟在网上注册，从来没有考虑过公司章程这方面的问题。这似乎对启动业务和创建一家蒸蒸日上的公司不会产生任何负面影响，但在出售公司时，这是交易的基本组成部分。如果你没有一家真正注册的公司可供出售，那么也许只能出售资产了。这仍然可以达成一个很好的结果，但可能会低估战略收购的真正潜在价值。最好从一开始就聘请律师，并考虑到最终结果。

不理想的注册地

你会发现，大的收购方收购的大多数公司都有共同的注册地，收购方自身也是这样。特拉华州因其隐私和税法而成为美国最受创业者欢迎的州。内华达州和怀俄明州也是创业者优先选择的地方。其他州的创业成本可能要高得多。

不发行创始人股份

在公司创立之初未能分配或发行创始人股份，可能会给公司的股权融资和出售带来各种问题。股份的价值会随着时间的推移而变化，另外从法律角度讲，谁拥有知识产权就变得不那么清晰，创始人可以出售股权的时间也会存在差异。

其他问题

如果忽视了会议和正式手续，个人资金与公司资金被混在一起，可能会产生其他法律问题，从而对公司的法律保护和有效性产生疑问。税收当然也会受到影响。即便你刚刚拿到了收购意向书，而且距离交易交割似乎只有几天时间，但即便是在注册公司名称上的拼写错误，或是忘了提交公司年度报告，这些都可能成为代价高昂的错误，甚至可能毁掉公司的出售。

虽然自己动手更便宜，但好的律师会为你处理这些细节，不仅仅是费用的问题。

留置权和产权负担

创业公司在早期往往承担各种各样的债务和产权负担，通常不会考虑这些事情对出售公司和公司价值的实际影响。

这些产权负担可能包括以下内容：

- 商务信用卡
- 商业贷款和信用额度
- 运营的债务和信贷措施
- 商户预付现金
- 设备和车辆融资
- 商业房地产贷款和租赁
- 未决或现有的法律判决

这些会影响公司及其未来收入的留置权。其中一些还可能附带有创始人的个人担保，在违约情况下可能导致他们的个人资产被追索。

为公司出售做准备，在清理业务、书面文件和财务情况时，你可能想要消除大量的债务。不要让自己没有任何现金或财务余量。债务更少、净利润更高的公司可能更有吸引力。未来的收购方如果真的想融资，也可以通过低得多的利率获得优质融资。

如果你不能或者不愿意提前偿还这些债务，那么你一定要明白按照现状出售公司会有什么后果。

如果所有权发生重大变化，收购方能否根据这些协议的条款承担债务？公司出售是否会加速债务的余额到期？在房地产上可能存在哪些地役权或产权负担，可为新的所有者造成重大的价值差异？

选择支付的最佳货币类型时，你可能会困惑。你还需要知道如何构建所有的法律文件。当然，你必须决定将你的初创公司卖给谁。这就是我在退出自己的初创公司之后继续创立 Panthera 咨询公司的很大一部分原因。

初创公司的
退出机制

19

————
交易交割

你已经拿到了收购意向书，通过了详尽的尽职调查，还完成了最终出售和购买协议的谈判。下一步该怎么做，才能真正完成交易并把钱存进银行？这样你才能继续前进，将自己、团队和公司带入下一个阶段。

剖析并购交易的交割

买卖一家公司不像是在亚马逊网站上一键结账。并购交易的交割可能是最复杂、最耗时的出售交易类型。

即使你们已经详细制定了最终的、确定的购买和出售协议，并就此进行了谈判，仍然可能有一些事情需要解决。

你可以在签署购买协议的同时完成一次交割，但在绝大多数并购交易中，交易交割是一个多步骤的过程：

1. 交割条件
2. 签署所有权转让的最终协议和文件
3. 最终的财务调整
4. 资金转拨、付款和纳税
5. 整合
6. 解决交易交割后的问题

一旦所有交易交割条件达成，就可以安排实际的交割。这一阶段的关键因素可能包括监管和股东批准。

交割准备

直到所有人都签署了所有文件，资金都已拨付，交易才算交割完成。

你可以安排律师牵头审查交割文件，并监督所需的签名和汇集已签署的文件。

尽管你的法律团队会审查所有细节，因为涉及的内容如此之多，无论对法律条款和细则轻描淡写并简单地将最终文件视为"标准"的做法有多么诱人，但阅读这些文件中的每一个字都符合你的最佳利益。如果有什么不准确的地方，不管你承受的压力有多大，一定要在签字之前改正。无论是陈述和保证、财务调整还是基于业绩表现的额外对价条款变更，未能做到这一点都可能导致极高的成本。

构成交割的最终文件将包括股票、知识产权、公司资产、应收账款和任何其他相关资产所有权的实际转让。此时还应该签署员工合同、竞业禁止协议等。

交割时间和地点

交割的地点可以变。如果你的办公室就在收购方的街对面，那么你可以去他们的办公室，坐在会议室里处理一沓沓需要签字的文件。

但通常情况下，你可能在另外一个地方，甚至在世界的另一端。让所有人同时聚在一起不切实际或者十分困难。自从新冠疫情爆发以来，虚拟交割变得更为普遍。虚拟公证人和数字签名是当今几乎所有事情的常态。

交割速度

在并购交易中，交割的速度是卖方最关心的问题之一。交割的速度越快，收购方退出的风险就越小。这样还可以降低发生任何重大事件的风险，这些事件可能会让你的公司或承诺给你的股票贬值。

由于时间非常重要，选择一家有能力并且致力于快速交割的收购方往往比整体报价更重要。

收购方都知道，旷日持久的交割会让卖方产生疲劳感，这通常会迫使卖方做出更多让步和放弃一些谈判要点，以加快交割的进程。卖方为了完成交易，放弃两位数价格折扣的情况并不少见。

以下是四个最常见的谈判要点，它们往往会让交易止步不前，最终导致交割流产：

- 对营运资金融资的分歧
- 对管理团队承诺期限的分歧
- 为管理团队谈判非竞争条款
- 无法就代表、保证和契约达成一致

不幸的是，超过50%的交易在交割之前仍然会失败，甚至是在购买协议签署之后。

你越快解决这些谈判要点越好，越早把交割条件从清单上划掉越好。

会计和税务

税收是不可避免的。重要的不在于你能将公司卖多少钱，而在于当涉及财务部分时，你最后能留下多少。这里的关键因素包括以下几点。

了解出售类型之间的差异

不同类型的交易结构可能意味着出售的所得款项在税收上有不同的收入分类，以及所有相关实体有不同的持续企业税。交易是以股票购买还是以资产购买？你收到的对价是现金还是股票？收购方会融资收购吗？被收购公司实体的类型以及迄今为止选择的纳税方式也会产生相当大的差异。确保你能理解交易的这些细微差别，以及这些交易结构能起到什么作用，否则最后的收益将远低于预期。当然，不同的交易结构也可以帮助收购方优化不同的纳税基础，应对自己未来的税收收益或损失。在这里，你们的利益通常是不一致的。

交割前的税务准备和申报权

购买协议应规定谁有权为交割之前的阶段编制和申报税款，以及谁将负责或管控交割后对此阶段的任何税收审计。作为卖方，你控制得越多，你交的税就越少，在未来审计中受损失的风险也就越低。

税收补偿

收购方会希望你赔偿他们在交割后可能产生的任何预期之外的税务义务。如果要由你承担，那么他们就没有什么动力来对抗任何审计问题。让你的律师尽可能多地为这些补偿列出例外事项。

税制改革与变化

在交割之前，不要忽视税制改革和变化的潜力。在危机时期和新政府交接、新总统和新政党上台执政之际，这一点尤为重要。此时，外国收入和资产的税率可能会发生重大变化，企业税率、个人所得税等级和税收抵免也会发生变化。所有这些都会对交易净收益产生重大影响。向前看，记住可能发生的变化。

了解个人纳税义务

出售一家公司所产生的巨额横财可以产生一张彩票体量的个人税单。虽然你口袋里的钱可能不是主要的驱动力，但理解税收后果以及税收对你个人意味着什么是值得的。毕竟，你在这样的交易上消耗了大量的时间和精力，这应该值得你花点时间。如果你忽略了这个因素，可能会对税收带来的损失感到非常震惊。

找一位出色的注册会计师和税务策划师来帮助评估你的或有负债情况，以及你可以通过哪些手段来减少税负，并实现长期净收益的最大化。

交割后的财务调整

即使双方就价格进行了所有的谈判，买方所支付的价格仍然会面临会计调整。调整可能是由于在协议签署日与实际交割日之间以及在交割之后出现的一些变化。

绝大多数并购交易都包含交割后购买价格调整的条款。超过一半的交易可能包括基于多个指标的价格调整，例如：

- 交割前公司价值、财务状况及盈利的差异
- 基于业绩支付的净收益
- 营运资本的调整
- 针对赔偿、代表、保证等情况的托管放款

如果出现负面变化，你作为卖方可能不得不将资金汇回收购方指

定的账户。

任何争议解决的需求都应遵循购买协议中的条款，并可能需要独立的会计师事务所参与。

交割清单

要完成交易，需要很多文档和操作步骤，你需要与法律、财务和管理团队协调这些内容。具体明细如下：

- 最终购买协议
- 托管协议
- 交易服务协议
- 资产转让单
- 承担和转让协议
- 知识产权转让
- 不动产留置权和所有权搜索
- 不动产契据的转让
- 卖方授权交易的决议
- 买方授权交易的决议
- 披露
- 政府批准
- 第三方批准和同意
- 判决和留置权搜索
- 高级管理人员及董事辞任
- 准备卖方股票证明转让
- 准备资金流动备忘录

- 将购买价款转入卖方银行账户
- 编写并发布新闻稿宣布交易

总结

经历了众多的繁忙和压力之后，实际地交割并看到资金出现在你的账户上，往往会让人觉得非常虎头蛇尾。

确保在交易完成后规划一些理所应当的停机时间。你会需要这一时间的。在这次冲刺之后，你的伙伴和孩子们都绝对值得你付出额外的宝贵时间。

如果交割后你还要参与公司的过渡和整合，你需要重新规划、重新专注于下一段旅程。确保所有与你紧密合作的现有团队成员都达成共识。确保他们了解基于业绩的额外对价跟他们有关，以及开展业务的新协议。每个人都应该知道你需要达到的目标和指标，以及实现的时间。

无论你是否作为整合的一部分，对交割后潜在的纠纷和问题保持警惕是值得的。你还需要密切关注托管账户，以及任何被冻结资金的放款倒计时。

托管账户中的风险资金可能绰绰有余，要聘请律师来监控这些资金及其支出情况。

在交割后发生纠纷或收购方提出索赔的情况下，确保你充分了解协议中的调解和解决机制。这意味着，如果你与收购方公司发生纠纷，你需要熟悉那些你认可来监督潜在调解或仲裁的机构，这样你就不会让自己陷入困境。

退出机制 初创公司的

20

————

向全新阶段过渡

交易终于完成了。现在，是你的生活和事业进入全新阶段的时候了。

除非你是以全现金一次性支付的方式卖掉公司，否则你很可能会作为新老板的员工，还会在公司里工作很长一段时间。这通常是购买协议中基于业绩的额外对价或收益兑现条款中的约定。

如前所述，希望你已经争取到了一段急需的休假时间。在向退出冲刺的过程中，经历了这么多的紧张和焦虑之后，你肯定需要时间来卸掉和释放压力。

在休假期间花一些时间来恢复、重新充满活力及清醒头脑。在过去的几周甚至几年投入了大量的时间后，你要尽可能多地陪伴家人、朋友和你关心的其他人，以弥补你在他们身上失去的时间。很有可能你很快就会变得更加努力。不要让这个机会溜走。如果可以的话，把时间花在家庭和旅游上。享受一些美好的经历，这些都是你辛勤工作和付出所赢来的。

兑现

随着市场的变化，根据你所在的行业、所处的阶段和收购方的意图，基于业绩的额外对价和收益兑现条款会随着时间的推移呈现不同的趋势。

这些条款有一个共同的主题，就是延迟支付收购对价的一大部分，并让收购方获得收益。对卖方来说，这种做法可以降低交易风险，最大化他们的现金流和回报，让他们能够更早采取行动，充分利用你的资产。在某些条件得到满足之前，他们不会支付大部分收购对价。延迟支付可能基于业绩的里程碑事件或时间。

延迟支付对卖方来说也有一些好处。在交易中接受这些条款和条件可能会让你的报价大幅提高。只要你确保自己能忍受这些条款，坚持下去，并达成目标。或者你最终可能会面临额外的压力、法律问题以及远低于预期的金额。

基于业绩的额外对价

根据完成特定的指标或达到特定的里程碑，基于业绩的额外对价为卖方提供了获得更多收益的机会。

在不同时间、不同行业、不同市场和经济情况下，额外对价的普遍程度和显著程度也会有所不同。美国律师协会表示⊖，预计在新冠疫情之后，额外对价条款将变得更为普遍，并在支付中占据更大的比例。预计将有超过 30% 的交易中出现额外对价条款，而且对应的金额将占购买价格的近一半。对于生命科学领域的初创公司来说，超过 60% 的并购交易可能会出现额外对价条款，而且这些条款可能会约定更长的支付时间。（2020 年初平均为 24 个月，新冠疫情之后是 3~5 年。）

⊖ http://www.Americanbar.org/group/business _ law/publications/blt/2020/09/anatomy-earnout/

根据《今日商业法》的报道[⊖]，11% 的额外对价支付期超过 5 年，30% 是无期限的，或者时间线是"静默的"。

创始人还需要考虑无法实现目标的风险，尤其是在极端情况、市场变化和经济周期变化可能影响实现目标和利润指标的能力时。

以下是最常见的额外对价评估指标：

- 收入
- 利润
- 监管里程碑

额外对价也可以与以下指标挂钩：

- 新产品的推出
- 销售额 / 销售数量
- 扩张

这两组指标也可以结合起来，使额外对价的支付更为复杂。

另一个需要考虑的重要因素，是你的收购方在此期间被其他人收购时会发生什么。这种情况可能比你想象的更普遍，而且会让额外对价的支付变得更为复杂。理想情况下，作为卖方，你会希望在这种情况下你的额外对价加速支付。

或许最重要的是你的工作和经营能力，使你在交割后能够获得这些额外对价。你可能会惊讶地发现，在 98% 的并购交易中，收购方可能没有通过书面协议约定以某种方式来经营公司，以有助于你实现收益的最大化。很少有协议约定甚至承诺公司将按照过去那样运营，或

⊖ https://businesslawtoday.org/2020/08/anatomy-earnout-era-covid-19-best-practice-earnouts-avoid-disputes/

者承诺收购方负有任何信托责任。

以下是一些可能会让你陷入困境的迹象：

- 合并业务部门
- 把你的产品与对方的产品融合
- 出售重大资产
- 解雇员工和管理层

你要寻找的好迹象包括：

- 为资本支出提供资金
- 招聘更多员工
- 为你的公司提供对应资源的访问权限
- 保持公司和财务独立

争端解决的方式可能也是一种意图的信号。

兑现

如果你在一开始就做足了功课，并运用了恰当的兑现策略，那么这对你来说不应该是一个陌生的概念。

兑现期是一项安全措施，让那些持有期权及股份的人能够在一段时间内获得属于他们的股份。当你创立一家初创公司时，你最不希望看到的就是几位创始人或关键团队成员获得大量股权，接着他们很快就消失了，不参与公司的任何工作，然后在你为公司的成功多年挥汗如雨、心力交瘁之后，他们也能获得同样多的财务收益。

你可以理解，在并购交易中，同样的担忧也适用于你的收购方。他们不会希望你拿着所有的钱去享受生活的时候，把烫手山芋扔给他们。

与额外对价相反，兑现是基于时间的。可以是在一段时间内落实你所说的话和其中的价值，也可以把你和你的顶尖人才限制起来，这样你们就不会去跟他们竞争，使他们的投资贬值。

如果你出售公司后获得了新公司的股票，在兑现期或里程碑事件到来之前，其中的一部分股票不会兑现，或者不会真正属于你。虽然这些规定一直在变，但分散支付这些款项可能有一些税收上的好处。兑现期可能会持续 1~4 年，甚至更长时间，但在此期间，你可能会因为不同的里程碑和预定日期一次性收到付款。

例如，如果你和你的联合创始人以 1 亿美元的价格将你们的创业公司出售，其中的 60% 属于你公司的投资人，那么在接下来的 4 年里，你和你的联合创始人每人每年都可以获得 500 万美元，只要你们能继续留在这家新公司。或者，如果你们可以缩短这个时间，你们可以要求在交割时获得 1000 万美元，在并购完成一年后再获得 1000 万美元。

如何构建和表述这些支付和收益的价值也会产生重大的影响。你是否获得了一笔固定金额的付款？还是一定数量的股票，等到这些股票全部兑现时，其价值可能大幅增加或减少吗？

有时候，对创业者来说，接受兑现条款并不是什么难事，只需要按时在公司出现几年就行。当然，任何一个真正的创业者都不适合这么做。你无法容忍在任何一段时间里，每天不用动脑只需要去打卡。对于那些生来就要做事的人来说，被金手铐锁住的感觉就像是比死亡更糟糕的命运，他们希望自己能做一些有意义的事情，产生影响力，并且有一个目标。

希望你有能力真正做一些有意义的工作，不断进步和创造成果，并在此期间看到你的使命得以实现。不过，这在很大程度上取决于交易的书面条款，以及事后所做承诺的真实性。选择好的收购方会让你这一阶段的旅程变得完全不同。

你不想与你的新老板以及他们的道德观发生冲突，最终落得放弃数百万或数十亿美元的下场。WhatsApp 创始人的遭遇就是如此，当时 Facebook 对如何处理他们的数据有着不同的想法。他们不得不放弃 13 亿美元的支付金额，因为他们实在无法忍受再在公司 12 个月了。

如果你确实发现自己处于这种情况，那么就值得尝试通过谈判提前买断，虽然价格上可能要打折扣。或者，如果整合新资产对收购方不利，那你也可以回购一部分。

从好的方面来看，这可能是一段难以置信的积蓄力量的时期，在此期间你享受学习新东西和结交新朋友的过程，这些可能是你下次创业的关键。

收购后整合

收购后的整合才是真正的关键。

如果有额外对价和兑现条款来控制你的收益实现，这一点尤其正确，尽管你希望看到自己的公司蓬勃发展、你的目标实现进展、你的员工的工作岗位得到延续，这些也同样重要。

当然，整合也可能是最艰难的部分。这是大多数并购交易失败的地方。在这方面，专注和专家管理至关重要。在交易交割阶段之前达成合适的协议将极大地决定整合的进展和难度。剩下的就是努力实施，并在多个层面实践外交的艺术。

尽早开始

整合不能是事后的想法。你不能等到交割之后再来处理这个问题，除非你不在乎整合能否成功，或者说还有一线生机。

整合不应该只在谈判中讨论。在交割之前，整合的计划和工作就应该在进行，越多越好。

领导整合

整合需要强有力的领导。你不能完全依靠自己一个人。作为卖方，你只有这么多的权力，而且因为你的位置，整合可能会调到一些自然的对抗。你们双方的公司有望组建一个强大而平衡的整合团队。你可能还想聘请一位变革管理专家，他知道如何应对这些挑战，并将公司融为一体。

第三方专家也可以极大地帮助你们消除权力斗争和"我们对抗他们"的心态——至少在人们习惯新的权力结构之前会存在这种现象。然后，确保团队清楚这种整合的挑战是他们需要一起工作来解决的，而不是相互竞争。

确定时间线

与收购方一起草拟一份时间表，说明你们将如何使双方公司合并，以及接下来的运营工作计划。

制订详细的行动计划

就像创立公司时一样，你要清楚未来几个月需要完成的大目标，同时制订一份详细的行动计划，列出接下来的行动步骤：

- *确定你公司拥有多大的自主权*

- 制定新的组织结构图

- 处理新员工合同和福利转移

- 管理裁员

- 合并和替换技术

- 合并传播

- 实施新的会计制度

做一个系统记录

贝恩公司（Bain）提醒我们，做好记录和系统化非常重要。建议你创建一个可重复的流程，因为这可能不是你的最后一笔并购交易。在未来的某个时刻，你可能会坐在谈判桌的这一边或另一边。

文化

整合团队文化是最关键的组成部分。如果人们不在一起工作，那他们就是在互相对抗。外部市场的竞争已经足够激烈，不要在组织内部发生竞争。

文化可能是第一要素——不仅仅是在整合方面，在公司整体的成功上也是如此。虽然每个公司和国家都有自己的文化，或这种文化的演变和迭代，但只有一种公司文化向前发展。这种文化，可能不是你的公司最初那种斗志昂扬的小型初创公司文化。

不过，如果你在开始慎重讨论并购交易之前，就已经确定了双方在文化上有很好的匹配度，那么事情应该会顺畅得多。尽管双方在地理位置和公司规模上差异很大，但你可能会惊讶地发现，各种事物居然能够如此完美地融合在一起，尤其是那些具有相同才能和道德价值观的人。

尽可能让团队成员聚在一起，并让他们在个人层面建立关系，这可以为顺利整合铺平道路。异地聚会可能是实现这一目标的绝佳方式。如果做不到这一点，就要考虑如何让他们以更小的规模在网上进行尽可能人性化的互动。

展望未来

记住，尽管在这段旅程中可能有很多事情让你忙碌，但这只是一个中途站。睁大你的眼睛，看看接下来会发生什么。

利用这段时间学习，建立新的人脉关系，探索新的事物。考虑一下，如果你要创立一家新公司，甚至要比上一家公司做得更好，你能从这次经历中获得什么。把你从这次交易和整合中所学到的东西整理出来，这样你下次创业的时候就可以牢记最终的目标，并享受一段更好的创业旅程。

退出机制

初创公司的

21

收购过程中的情绪过山车

1969 年，伊丽莎白·库伯勒－罗斯（Elisabeth Kübler-Ross）写了一本书《论死亡与临终》(*On Death and Dying*)。这本书探讨了悲伤的五个阶段：否认和孤立、愤怒、讨价还价、沮丧和接受。在书中，库伯勒－罗斯提供了一些例子和故事，来阐述即将到来的死亡及其后果是如何影响濒临死亡之人周围的每个人的。

这本书提供了一个框架来帮助那些处于悲痛情绪中的人。信不信由你，通常公司被收购会让创始人陷入一种悲伤的境地。悲伤情绪的出现，是因为跟这家公司有关联的所有人最终都将无法像收购完成之前那样体验这家公司。重大变化可能引发悲伤。

然而，将初创公司卖掉可能是你一生中经历过的最激动人心的时刻之一。这件事无疑是最令人兴奋和最重要的事情之一，但这也可能是你一生中必须经历的最艰难、压力最大的时期之一。

对于创业者来说，市场上关于并购过程的信息非常少，高质量的信息就更少了。

关于这趟过山车般的旅程，要找到相关精神和情感方面的信息和故事，几乎是不可能的。

创业者很少会坦诚地讲述自己创立和打造公司、融资等过程的真实情况，以及每天都会遇到的失败和挫折。

据我所知，在写作和出版这本书的时候，确实还没有任何实质性的文件记载或披露创始人的这段心路历程，但我在"交易撮合者"播客上采访了一些真正的创始人，他们以数百万美元甚至数十亿美元的价格出售了自己的初创公司，从而拉开了帷幕。

在这段短暂的旅程中，你会学到很多东西，也会面临很多挑战。当你明白这个过程是如何与焦虑、孤立和抑郁的状态联系在一起时，你就能更好地找到通往接纳和幸福的道路。

这一章并不是要阻止你卖掉自己的公司。相反，我想通过提供一份路线图来帮助你完成这个过程，让你知道接下来会发生什么。创业者不仅需要金融资金，他们还需要情感资本。因此，了解自己的精神状态及其背后的触发因素是很关键的。

焦虑

一想到能够卖掉自己的公司，你可能会有一种兴奋的感觉。巨大的数字和重量级的合作关系可能是诱人的。

然后，一旦这种情况开始变成现实，恐慌就会开始蔓延，一系列因素可能引发你在一段时间内的焦虑，这种焦虑会一直持续到交易完成、资金进入银行账户。

如果你没有提前学习，不知道交易过程中的步骤，没有为过山车旅程做好心理准备，那么将会带来额外的焦虑。自主学习，事情就会简单得多。

了解过程

对整个过程有一个良好的概述和了解会给你带来平静，因为你会知道在交易完成之前的每一步都会发生什么。接下来将探讨这个过程中可能影响你情绪的几个部分。

条款和条件

随着最初的试探变成真正的洽谈，对条款的焦虑也随之而来。

整体的价格、估值、股票和现金的比例，以及你是否在新的母公司里留任，还是可以自由地离开，这些都是需要考虑的最基本的方面。

可能会有一些知识产权和产品方面的问题，你认为收购方不会使用或继续保留。你可能希望找到一种方法，来继续完成当初赋予它们的使命，比如将它们从交易中剥离出来。

你可能非常关心在你的联合创始人、员工和早期投资人身上会发生什么。那些一开始就信任你的人，他们能获得多高的投资回报倍数？你的联合创始人会得到公平的回报，并且踏上实现个人目标的康庄大道吗？那些曾经帮助公司实现一切、牺牲了在更稳定的公司舒适工作的员工，会被收购方留下吗？他们会得到好的职位、薪水和福利吗？

尽职调查

尽职调查的强度和持续时间取决于你公司所处的阶段以及需要完成的工作量。

这个过程可能涉及各种团队深入挖掘你公司的法律、财务和数据方面的信息。在整个过程中，可能会有几十个人在现场查看每一份文档，甚至与你的客户交谈。

在很多情况下，我见过一些团队把自己跟潜在收购方锁在酒店房间里，一起审阅文件长达数周时间。

这一切都发生在你要拼命保持公司业绩的时候。

重新谈判

交易的最终条款可能看起来与最初的要约有很大不同。在谈判、讨论不同的条款时，你可能会感到筋疲力尽，甚至根本不在乎最后能否达成协议。

强硬的收购方会找各种各样的理由来重新谈判和改变一些事情。你要保持强势，保持专注。不要让他们从你身上带走必要的能量。

冲刺

距离收购意向书或最终协议的最后期限越来越近时，你应该会睡得更少。这将是一个非常紧张的时期，因为双方律师会一遍又一遍地谈判一些事情。你需要保持冷静，相信这个过程，避免因为自己的挫败感而妨碍交易的完成。

安静

几个星期以来，几十个人可能都在你的公司里。然后有一天，一切都变得平静了。没有来电。没有人出现在你的办公室。完全的安静。

如果你没有预料到这一状态，你会抓狂，会感到孤立和焦虑。这可能有多种原因，但并不意味着交易失败。

要有耐心。现在你最不想听到的就是绝望的声音。收购方可能利用这一点来对付你，并在条款上跟你讨价还价。为防止这种情况的发生，一个好方法是建立每周检查机制。

预测

预测交割可能会让人神经紧张。你不知道它是否会发生，你需要清理办公室，宣布自己人生的下一阶段，或者交易会崩溃，你将比以往任何时候都更加努力地工作，以弥补失去的时间。

如果能从情感上摆脱结果的影响，你会活得更好。当你完全不在乎交易的结果时，最好的交易就会发生。

暴风雨后的平静

经历了所有的混乱之后，交易完成，资金到位，一切都恢复了安静。如果你没有在周一到母公司报到，那情况可能会出奇的平静。面对这种戏剧性的节奏变化，你可能需要几天的时间来适应。

与员工分享新闻

通常，当涉及收购时，最好避免在交易完成前与员工分享细节，以避免任何危及交易顺利完成的信息泄密。

在此过程中，你只能与并购团队和关键员工分享正在发生的事情，他们可能在达成交易的过程中发挥关键作用。

当交易最终完成时，这是一个向员工传递消息的艰难时刻。他们中的很多人可能不会持有这家公司的股票，而且他们可能会对未来的潜在变化感到失望。

要想在这方面做好，你只需要做你自己，做真实的自己。不要美化这笔交易，因为人们会看穿它，并产生不信任。你不妨如实分享，感谢他们为公司做的每一件事。

与员工分享与收购方的共同愿景以及事情的发展方向。因为你对这笔交易感到很兴奋，所以你应该能够向他们传达这一点，并让他们对即将发生的事情同样感到兴奋。

大多数并购之所以失败，主要是因为领导者忽视了员工的情感需求。员工是交易成功的关键因素。这就是为什么有效的沟通和改善员工体验是至关重要的——尤其是如果交易条款中包含基于业绩的额外对价，而你的员工将决定交易的潜在结果。

沮丧

尽管你可能永远也不会从投资银行家或收购团队那里听到这种话，但并购过程和出售初创公司的后遗症通常会让你陷入悲伤之中。对于卖掉第一家公司来说尤其如此，如果你曾发誓永远也不会卖掉公司，那就更是如此。

在这些情况下，分离和失去的感受是非常真实的。如果你还没有做好准备，就算你在退出交易时获得了相当不错的财务回报，在交易交割后的日子里，你会感觉比想象中更加沮丧。

从我的个人经历以及与其他高度透明的创始人的真实对话中，我可以告诉你，这种失去的感觉往往和其他任何失去一样真实。

如果他们说与联合创始人和投资人合作创立一家公司就像是一场婚姻，那么出售公司就像是离婚或放弃自己的孩子，或者至少是像第一次送他们去幼儿园、雇用第一个保姆，或者送他们去上大学。

此时，你会认为钱是第二位的。出售公司就像你切断了与自己孩子的联系，把孩子交到别人手里，而你却无法控制。

稍微想一想。你已经习惯了快节奏，对公司业务的执行拥有完全的控制权。而现在，突然间一切变了样，你需要向别人汇报了。

这是你一直极度热衷的事情。这么多年来，你每天都在关心和你一起生活、并肩作战的员工。很多员工牺牲了他们的薪水或职业旅程，因为他们相信你和公司的愿景。通常，公司是你人生的主要目标。

第二天早上醒来时，也许你甚至都不能去拜访他们，不能去办公室。你只能坐在看台上远远地看着，却不能上场。

这可能会在你的人生中留下一段时间的空白，这种空白可能会在你的脑海中挥之不去，直到你度过接下来的两段过山车旅程。

虽然有很多建议很容易会被提出来，但可能不会立即让你感觉更好。你要明白这只是整个旅程的一部分，而且是暂时的。战胜它并快速度过的最好方法是跟其他人（家人、同行和导师）交流，记住好的部分，展望下一阶段，并接受它。

接受

越早到达这个阶段，对你就越有利。

如果你已经为将要出现的情绪做好了心理准备，并且已经训练自己变得更加客观，提前考虑大局，你就会更快地接受这一切。

接受你可能会感到的一种真正的失去，接受随之而来的情绪。不过，你也要清楚事情已经过去了。你卖掉了你的公司。不管是好是坏，这已经是板上钉钉的事了。谁知道呢，也许将来的某一天，他们可能会以折扣价把公司卖还给你。

现在，你唯一可以感激的是自己经历的精彩旅程。享受现在，规划一个更加充实的未来。

毕竟，可能你的第二家或第三家创业公司都不会是你最伟大的作品和成就，直到你的第四家或第五家创业公司出现。

快乐

如果你通过阅读这本书武装了自己，你就有希望获得一个能有所收益的结果。例如，你的投资人实现了巨大的回报倍数，这使他们希望在未来再次给你投资并推荐你。你们的团队在专业上不断成长，其中很多人因为参与和忠诚都得到了丰厚的经济回报。你的客户得到的照顾比你能给予的更好，公司的使命也能继续。

通过这次退出，你还获得了改变游戏规则的财务回报。钱可能不是主要的，但你可以把它视为一场胜利和信心的增强，而且你已经让自己的家庭生活变得舒适。

现在，你可以随心所欲地做自己最感兴趣的事情，而不是为了财务状况。

即使你一分钱也没带走，你也可以因为这种难以置信的学习经历和有机会继续做更好的事情而感到高兴。

总体而言，退出的创始人在采取下一步行动时，似乎需要考虑三种基本情况。如果你已经提前考虑过了，你可能已经开始着手下一次创业了。这很好。这是第一种情况。

第二种情况是，合并或收购的条款要求你继续作为新老板的雇员。这就是所谓的兑现期，你需要在新公司停留一段时间，以便获得达成交易应得的所有现金或股票。

有些创业者喜欢去 Google、Facebook 或微软等大公司学习体验。这给了他们向一群聪明的新人学习的机会，让他们能看到事情是如何在不同的层面上完成的。

然而，蜜月期总会结束。有些人能撑过完整的兑现期，有些人很快就拉动了紧急逃生线。他们渴望重新回到初创公司，快速发展，重新打造自己的事业。

要记住，在兑现期内，你的工作时间是上午 9 点至下午 5 点，而不是像收购前那样一直加班。这能让你拥有一份有收入的全职工作，同时还能启动业余项目，规划下一家创业公司。

　　第三种情况是最终休假。这是明智之举，是一个真正减压的机会，如果你可以的话。这是一个短暂的窗口，让你可以放松，专注于办公室以外的事情。你可能要过很长时间才能再次享受这种奢侈。活在当下，你会发现这是成功创业的最佳回报之一。

　　在减压期，创始人通常会去远离城市的一间小木屋、周游世界去见其他创业者、寻找新的创意、获得新视角，以及与家人共度时光。

　　有些人梦想着早点退休，最终成为全职父母。这种情况可能会持续 6 周或 6 个月。但迟早，你的家人会求你去做点什么，不要再徘徊了。

　　你甚至可以自己做一些小额的天使投资。

　　如果你已经深陷一家新的创业公司，去学习并参与所有你可能没有时间去做的事情，因为一旦你尝过创业的滋味，就再也不想停下来了。

　　好消息是，焦虑、沮丧和让自己接受新环境的过山车旅程是短暂的，在经历了空虚之后，你将进入下一个项目。

　　知道这一切即将到来，为这段时间安排一些优秀的新项目和目标，然后满怀激情地去完成它们，以度过艰难的日子。

　　最终，希望你能够收获情商。这将让你能控制自己的情绪，并帮助管理他人的情绪。

　　现在你知道了，乌云的另一边有一线的光明。

术语表

创业领域的行话和术语总是在变化。对于创业者来说，掌握最新的并购相关术语很重要，即使他们的公司已经成功完成几轮融资并实现了规模化发展。

通过以下术语表，你可以更新在创业旅程的并购阶段将会遇到的常见术语及相关知识。它将帮你做好准备，能够高效参与会谈及了解收购要约，并深度介入与买方、投资银行家及律师的交流，以及在很大程度确保得到一个更好的结果。

acquirer 收购方：购买或提出要约购买一家企业的组织或公司。

acquisition 收购：购买另外一家公司或其多数资产及权益的行为。

angel investor 天使投资人：给处于早期阶段的初创公司投入自己资金的个人投资者。

asset sale 资产出售：一种类型的收购，收购方购买目标公司全部或大部分的资产。

assets retained 留存资产：交易完成之后，所有者能够保留的任何资产。

balance sheet 资产负债表：记录一家公司负债、资产和所有者权益的财务报表。

book value 账面价值：公司的总资产减去无形资产和全部负债之

后的价值。

breakup 中止：买方与卖方没有完成交易，并且其中一方退出交易。

bridge financing 过桥融资：指短期融资，能在公司完成一轮更好的长期融资之前弥补公司的现金流缺口。

burn rate 现金消耗率：公司每月消耗的现金数额，通常应用于未实现收入或利润的初创公司。

business broker 中介机构：专门联络企业买方和卖方的专业人士或公司，帮助促成交易。

CAPEX 资本开支：全称 Capital Expenditure，指投资一项新的资产或提升一项现有资产寿命的方式。

capital gains 资本利得：出售资产或股份所获得的利润。

capitalization 资本化：公司实现资本化的方式，包括债权和不同类别的股权融资。

capitalization rate 资本化率：一种计算投资回报率的方法。

capital structure 资本结构：公司为其运营和增长提供资金的方式。

cap table 资本结构表：列出公司已发行证券的资本化表。

carve-out 不适用情况：不适用协议规则、规定或条款的例外情况。

cash flow 现金流：公司在支出之后剩余的净现金。

CIM 保密信息备忘录：全称 Confidential Information Memorandum，是一份囊括公司历史、财务数据和投资要点的文档，通常用于向潜在收购方推销公司。

convertible debt 可转债：一种融资工具，最初是一种债权，在之后约定的时间或发生特定事件时可以转换成股权。

covenants 契约条款：合同协议及收购协议中包含的条款，用来规定或禁止一些特定的行为。

DCF（Discounted Cash Flow）贴现现金流：通过计算公司未来现金流的现值来对公司进行估值的一种方法。

deal room 交易室：一间实体或虚拟的房间，在这里存放公司的敏感数据，共享给收购方及他们的代表。交易室也称为数据室。

deal structure 交易结构：交易达成的结构，尤其是收购形式是否为现金、股份或两者结合。

defensive merger 防御性合并：两家公司是基于一种防御性战略的合并，以对抗竞争或敌意收购。

dilution 稀释／摊薄：由于发行新的证券或债权转换成股权所导致的所有权减少。

dividends 股利：支付给证券所有者的金额。

due diligence 尽职调查：收购方针对目标公司的所有权和资产所进行的核实、验证及调查流程。

earnout 额外对价：购买协议中的一项规定或条款，要求在交易完成交割之后，出售方根据公司未来的业务表现获得部分的出售对价。

EBITDA 息税前利润：全称 Earnings before Interest, taxes, depreciation and amortization。

equity 权益：资产扣除全部负债后所拥有的利益。

exit strategy 退出策略：公司退出或对权益进行变现的计划或选择。

financial acquisition 财务性收购：纯粹基于财务和投资目的的收购。

founder 创始人：参与一家公司创立的个人。

goodwill 商誉：由版权、声誉和认知所创造的无形价值。

horizontal integration 横向整合：与同一业务线上的公司进行合并，通常是为了扩张、减少竞争或者打造一家更大的实体。

hostile takeover 敌意收购：不受目标公司欢迎的收购要约。

institutional investor 机构投资者：管理大量资金并代表出资人进行投资的大型企业实体。

integration 整合：一家公司合并或吸收另一家公司。

intrinsic value 内在价值：完全通过计算公司的有形资产来确定的公司价值。

investment bank 投资银行：专注于融资、证券交易和匹配企业买卖双方的专业人士或机构。

IOI 收购意向书：全称 Indication of Interest。这是潜在收购方向卖方表明有收购兴趣的第一步文件。

IPO 首次公开发行：全称 Initial Public Offering。当一家公司从私有公司转变成公开公司，并在交易所公开交易其股票时，IPO 就完成了。

joint venture 合资企业：两家或多家公司的一种合作形式，通过这种合作，他们可以投资或收购目标公司，通常是以创建第三方实体的方式完成。

lead investor 领投投资人：在公司的一轮融资中，最早承诺投资的投资人，其投资金额通常也最大，并且负责大部分的尽职调查和文档工作。

leveraged buyout 杠杆收购：简称 LBO，是一种融资收购方式，通常以公司未来受保护的收入作为抵押。

liquidity 资产变现：可用流动现金，或者快速将资产变成现金的能力。

LOI 意向书：全称 Letter of Interest。是潜在收购方向卖方出具的一份不具有约束力的信件，其中列出了潜在交易和收购的要点。

M&A 并购：全称 Merger and acquisitions。

M&A advisor 并购顾问：为私有公司提供咨询和建议的专业人士或机构，他们可以承担经纪人的角色，在公司出售过程中帮助其制定策略和做好准备工作，并为其联络合适的买方以实现最佳结果。

majority interest 多数权益：指公司的控制权，通常持有至少 51% 的投票权。

noncomptete 竞业条款：防止签字人与其公司的买方竞争的合同及条款。

no‐shop clause 不招揽条款：购买协议中的一项条款，禁止卖方在尽职调查阶段为公司招揽额外的收购报价。

P&L 利润表：全称 Profit and loss statement，记录公司每年及年初至今的收入开支情况，通常会经过审计。

pitch book 推销材料：也称备忘录，其中介绍公司的基本情况及被收购的价值。

pitch deck 推销演示文件：演讲幻灯片，有助于推销公司及参与投资。

restructuring 重组：对公司的债务和资产结构进行重新安排。

reverse takeover 反向收购：一家上市公司发行新股给一家非上市公司，股份的数量使得该私有公司获得了上市公司的控股权。

road show 路演：为了融资或退出而针对投资人或潜在收购方的一系列的演讲和会议。

SEC 美国证券交易委员会：全称 United States Securities and Exchange Commission，负责美国的证券监督和管理工作。

shark repellent 反收购措施：对公司章程的修订，使得公司对敌意收购方的吸引力下降。

stock exchange ratio 股份换手率：收购方在收购中将会获得的股份比例。

strategic acquisition 战略收购：除了在目标公司身上产生直接的投资收益之外，还能为买家产生战略性收益的收购行为。

supermajority amendment 绝对多数补充条款：要求非常高的股东比例批准并购交易或进行其他重要决策的条款。

tangible assets 有形资产：物理资产，比如设备、不动产及现金。

target company 目标公司：收购方意图购买的公司。

term sheet 条款清单：罗列交易主要条款的文件。

valuation 估值：针对拟出售公司所达成一致的价值或评估其价值的过程。

vertical integration 纵向整合：收购方购买一家属于其供应链的目标公司。

voting right 投票权：股东按照其股份类别的所有权比例进行投票及决策的权利。

关于作者

亚历桑德罗·克里梅德斯（Alejandro@pantheraadvisors.com，@acremades，www.alejandrocremades.com）拥有多重身份，他是投资人、连续创业者、畅销书作家，以及 Panthera 咨询公司的联合创始人，他已经成为创业生态系统中最著名的人士之一。

克里梅德斯从欧洲移民到美国之后，成为创业圈的领军人物、创业融资领域的先驱，也被一些人认为是初创公司并购的代言人。

克里梅德斯已被列入《男性时尚》（*GQ*）、《名利场》（*Vanity Fair*）和《创业者》（*Entrepreneur*）杂志评选的"30 岁以下的 30 位人物"名单。科技网站 TechCrunch 认为克里梅德斯是塑造纽约科技行业格局的影响人物之一。

现在，克里梅德斯是一位高端的人脉连接者，也是创业领域最活跃的交易撮合者之一。

克里梅德斯出生在西班牙马德里，他的父母博纳尔多和勒提西亚知道，教育是孩子成功的必要条件。尤其是他的母亲，对他的学业非常关注，以至于过了 15 年才告诉他，他曾经被皇家马德里足球俱乐部选中过。

在西班牙圣巴布罗大学（Universidad San Pablo CEU）获得法律

学位后，克里梅德斯和弟弟乘飞机前往纽约，并很快就爱上了纽约。

在福特汉姆法学院（Fordham Law School）获得国际商业和贸易法硕士学位后，他加入了 King & Spalding 律师事务所。在那里，他参与了迄今为止最大的投资仲裁案件之一——雪佛龙（Chevron）诉厄瓜多尔案（案值 1130 亿美元）。

2010 年，克里梅德斯与谭雅·普莱福（现在是他的妻子）共同创办了 RockThePost。RockThePost 收购了 CoFoundersLab、FounderDating 和 1000 Angels 等公司，并改名为 Onevest。

Onevest 成为为创业者提供支持的最大网络社区之一。该网站被《时代》杂志和《福布斯》杂志评为最佳创业者网站之一。到 2018 年 Onevest 以数百万美元被收购时，该平台已拥有超过 50 万活跃的注册会员。

在此期间，克里梅德斯被邀请参加白宫的"变革冠军"（Champions of Change）项目。作为《创业企业融资法案》（JOBS Act）的早期参与者，他曾被要求向美国众议院小企业委员会（US House Committee on Small Business）作证，阐明他对企业股权众筹及其未来的立场。

克里梅德斯的第一本书是《创业融资的艺术》，该书浓缩了他在为创业者的初创公司进行融资方面的经验和专业知识。这本书由 John Wiley & Sons 出版，"创智赢家"（Shark Tank）节目中的投资人芭芭拉·柯克兰（Barbara Corcoran）作序。书中阐述了融资的运作方式、制定不同轮次的融资策略、融资推销、确定合适的投资人以及如何完成交易。这本书被《公司》（*Inc.*）评为最优秀的创业者书籍之一，并被图书管理局（Book Authority）评为有史以来最好的融资类书籍之一。

《创业融资的艺术》一书获得了以下知名人物的好评：Zappos 已故首席执行官、《传递幸福》（*Delivering Happiness*）一书作者谢家华

（Tony Hsieh）；邓白氏集团（Dun & Bradstreet）副董事长蒂姆·德雷柏（Tim Draper）；天使投资协会（Angel Capital Association）执行董事杰夫·斯蒂贝尔（Jeff Stibel）；家族办公室协会（Family Office Association）首席执行官马瑞恩·胡德森（Marianne Hudson）、安杰洛·罗伯斯（Angelo J. Robles）等。

在 Onevest 实现退出之后，克里梅德斯上线了自己的网站：AlejandroCremades.com。在这个网站上，他每周都会分享融资和并购交易方面的信息和最新进展。这个网站同时也是他"内部圈子"（Inner Circle）的网络主页。"内部圈子"是一种直播融资辅导，能够帮助创业者成功获得 20 万 ~1 亿美元不等的融资。

作为一名演讲者，他曾在拉丁美洲、美国和欧洲的一些重要舞台上发表过演讲，并在沃顿商学院、哥伦比亚商学院、纽约大学担任过客座讲师，还在天使峰会（Angel Summit）上发表过演讲。

最近，克里梅德斯创立了一档"交易撮合者"（*Deal Makers*）播客节目。自推出以来，节目的下载量已接近 200 万次，是排名前五的商业播客。"交易撮合者"精选了 300 位世界顶尖的创始人和投资人，分享最成功的创业者在公司融资、创建公司、扩大公司规模、实现退出以及找到成功创意等方面的独特见解。

克里梅德斯最新的创业公司是 Panthera 咨询公司，与并购巨星迈克尔·塞维森搭档。在短短的三年时间里，Panthera 咨询公司的融资和并购咨询服务在全球帮助客户完成了数百笔交易，其中包括历史上规模最大的一笔 A 轮融资。

要了解更多与克里梅德斯相关的信息，请访问网站 AlejandroCremades.com。